JN177524

国家破産はこわくない

橘 玲

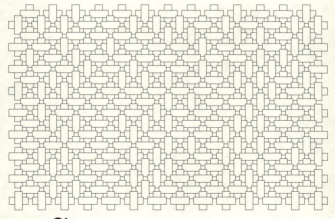

講談社＋α文庫
プラスアルファ

文庫版まえがき

本書は2013年3月に発売された『日本の国家破産に備える資産防衛マニュアル』（ダイヤモンド社）を文庫化したものです。

親本の発売当時はギリシアが国家破産寸前に追い込まれ、地中海の島国キプロスはそのギリシアに多額の融資をしていたことで財政破綻し、実質的な「金融封鎖」に追い込まれました。島内の銀行は2週間にわたって閉鎖され、顧客は預金を引き出すことができなくなり、EUによる支援の条件として10万ユーロ超の預金に9・9％、それ以下の金額に6・7％が課税されることが発表されて大騒動になりました（その後、修正のうえ大口預金者のみが負担）。

その一方日本では、アベノミクスによる大規模な金融緩和がはじまっており、「このままではギリシアやキプロスと同じことになるのではないか」との不安が広がっていました。そのため「資産防衛」を前面に出したタイトルにしたのですが、文庫化にあたって、当初予定していた『国家破産はこわくない』に戻すことにしました。お読みになっていただければわかるように、本書は「国家破産」をいたずらに煽《あお》るものではなく、私の主張は「個人の努力ではどうしようもない戦争や内乱とちがって、経済的混乱は適切な対応によって乗り越えられる」ということだからです。

一般的に資産運用関係の書籍は、株式や為替市場の変化によって文庫化に適さないのですが、本書は親本の記述をほぼそのまま踏襲《とうしゅう》しています。これは私に先見の明があるということではなく（そうだったらよかったのですが）、本書が前提としている経済条件がほとんど変わっていないからです。

この本では、近未来に起きることを次の3つのシナリオで検討しています。

①楽観シナリオ　アベノミクスが成功して高度経済成長がふたたびはじまる
②悲観シナリオ　金融緩和は効果がなく、デフレ不況がこれからもつづく
③破滅シナリオ　国債価格の暴落（金利の急騰）と高インフレで財政は破綻し、大規模な金融危機が起きて日本経済は大混乱に陥る

日銀の黒田東彦《くろだはるひこ》総裁は「2年で2％の物価上昇」をコミットメントし、大規模な金融緩和に乗り出しましたが、5年ちかくたった現在（2017年12月）でも物価が上昇する兆しはなく、リフレ派が強硬に主張していた金融緩和政策ではインフレを起こ

すことができないことが事実によって証明されました。

コミットメントとは「結果がともなわなければ責任をとる」ことで、リフレ派の経済学者は白川方明《しらかわまさあき》日銀前総裁を「デフレ脱却にコミットしない」と罵倒していましたが、黒田総裁はもちろん「リフレ派の首領」と呼ばれて副総裁に就任した経済学者も、自身のコミットメントが達成できなくても責任をとる気配は毛頭なく、任期をまっとうするつもりのようです。近年の心理学は、「高い知能は現実を客観的に認識して正しい判断をするのに役立つのではなく、そのもっとも重要な機能は自己正当化である」ことを明らかにしましたが、これはそのことがとてもよくわかるケースでしょう。

その一方で、幸いなことに、一部の経済学者や財政学者が警告していたような国債の暴落や財政破綻も起きていません。それればかりか少子高齢化による人手不足もあって、失業率は2・8%とほぼ完全雇用の状態で、求人倍率は1・52倍でバブル最盛期を上回り、大学生の就職内定率も9月時点で9割を超えています。その結果、内閣府の調査（2017年8月）では、現在の生活に「満足」とこたえたひとが73・9%と過去最高になりました。

アベノミクスの5年後の評価は、「金融緩和は効果なかったものの、それなりの成果はあった」ということになるでしょう。

　そうはいっても、このまま将来もずっと安泰とはとうていいえません。

　リフレ派が妄想していたような「日本経済大復活」は難しそうで、1000兆円を超える日本国の借金は増えつづけています。超高齢社会で社会保障費が膨れ上がっていくにもかかわらず消費税増税は先延ばしされ、増税してもその財源は借金返済に使わないというのですから、今後も日本国債への高い信頼が維持できると考える（まともな）経済学者はほとんどいないでしょう。

　それに加えて、「金融緩和に効果がないなら政府債務をさらに拡大して無理矢理インフレにしろ」という、マッドサイエンティストのような主張をする学者も出てきました。私たちはいまだに、いつ日本国の財政が行き詰まり、国債が暴落し急速な円安が進むかわからない崖っぷちの狭い道をおそるおそる歩んでいるのです。

　そんな不確実な未来に不安を感じているひとにとって、本書の提案はいまも役に立つはずです。

2017年12月

橘《たちばな》　玲《あきら》

まえがき　「高金利・円安・高インフレ」のアナザーワールドにようこそ

２０１２年12月、「強い日本経済を再生する」と宣言した安倍晋三《あべしんぞう》自民党政権の誕生で、「株価や地価が上昇するのでは」という期待と、「なにかとてつもなくヒドイことが起きる」という不安が交錯していました。

安倍首相が信奉する経済政策、すなわちアベノミクスは、どんな手段をとってでも日銀に年率２％のインフレを実現させる、というものです。

その後実施された史上例を見ない大規模な金融緩和（リフレ政策）の効果については、経済学者のあいだでも10年以上にわたってはげしい論争（というか罵《のの》り合い）がつづいていました。ある高名な経済学者は、「日銀が市場に大量のマネーを供給しさえすれば日本経済は復活し、経済成長による増収によって財政問題も解決に向かう」と主張していました。それに対して別の高名な経済学者は、「デフレは日本経済の構造的な問題で、日銀はすでにじゅうぶんすぎるほど金融緩和をしており、これ以上なにをやっても効果はない」といいます。なかには、「いずれ国債が暴落して財政が破綻し、ハイパーインフレになる」と警告する経済学者もいます。

アベノミクスによって私たちは早晩、この「神学論争」の決着を見ることになるでしょう。いずれの論者が正しくても、そこに待っているのはこれまで経験したことのない新しい世界にちがいありません。

＊

本書では、「アベノミクスによって日本経済はどうなるのか」という問題はいっさい扱いません。神学論争は経済学者にとっては意味があるかもしれませんが、私たちのようなごくふつうの生活者がアカデミズムの迷宮に足を踏み入れたところで仕方がないからです。

大地震や原発事故、戦争や内乱など、未来にはさまざまな不確実性が潜《ひそ》んでいます。経済的な混乱もそのひとつですが、そこにはふたつの大きな特徴があります。

第一に、市場で起きる出来事は将来のシナリオをかなり限定できることです。日本経済の未来には、次の３つの可能性しかありません。

①楽観シナリオ　アベノミクスが成功して高度経済成長がふたたびはじまる
②悲観シナリオ　金融緩和は効果がなく、デフレ不況がこれからもつづく
③破滅シナリオ　国債価格の暴落（金利の急騰）と高インフレで財政は破綻し、大規

模な金融危機が起きて日本経済は大混乱に陥る

ふたつめは、経済には強い継続性（粘性）があることです。

仮に③の「破滅シナリオ」が現実のものになったとしても、それは次のような順番で進行するでしょう。

第1ステージ　国債価格が下落して金利が上昇する
第2ステージ　円安とインフレが進行し、国家債務の膨張が止まらなくなる
最終ステージ（国家破産）　日本政府が国債のデフォルトを宣告し、IMFの管理下に入る

書店に行けば「国家破産」のタイトルのついた本が並んでいます。日本国が抱える1000兆円の借金を考えれば、誰も財政破綻の可能性を否定することはできません。

しかしここで強調したいのは、別の単純な事実です。〝危機〟は第1ステージから第2ステージ、最終ステージへと順に悪化していくのですから、ある朝目覚めたら日

本円が紙くずになっていた、などということはありません。

だとすれば私たちは、いたずらに「国家破産」を心配する必要はありません。仮に日本国がデフォルトするとしても、それまでの間に自分と家族を守るための時間はじゅうぶんに残されているのです。

それでは、不確実な未来を前にして私たちはなにをすればいいのでしょうか。

＊

本書のテーマは「リスク」と「ヘッジ」です。

天変地異のような自然災害以外にも、戦争や内乱・テロなど私たちはさまざまな政治的・社会的リスクに晒《さら》されています。国家の債務が膨張して制御不能になる財政破綻も、私たちの人生に大きな影響を与える将来のリスクのひとつです。

しかし経済的なリスクには、政治的・社会的リスクとは異なる大きな特徴があります。

あらゆる経済的リスクは、金融市場でヘッジする（保険をかける）ことが可能です。

資産に対して最適なヘッジをかけさえすれば、「国家破産」はなにもこわくありません。

この本は金融取引の経験のあまりない保守的なひとたち、すなわちほとんどの日本人に向けて書かれています。

こうした〝臆病な投資家〟への私の提案は、日本経済の未来のうち、①「楽観シナリオ」と②「悲観シナリオ」、および③「破滅シナリオ」の第1ステージまでは**普通預金こそが最強の資産運用**だということです。

もちろん、「破滅シナリオ」の第2ステージである大規模な経済的混乱が起きれば、普通預金だけで資産を守ることはできません。しかしその場合でも、プライベートバンクやヘッジファンドなど「高度な資産運用（といわれているもの）」に頼らなくても、近所の銀行や証券会社（もしくはネット銀行・ネット証券）で売っている3**つの金融商品だけでじゅうぶん対応可能**です。

金融市場の正しい知識と資産運用の原則さえ知っていれば、「最悪の事態」が起きたとしてもなにひとつ慌てることはないのです。

＊

本書でお伝えしたいことは、第2章から第5章の本文に書かれています。そこだけ読めば基本的な論点はすべてわかるはずですが、疑問な点があれば関連するコラムも合わせて参照してください。コラムはファイナンス理論の基礎を解説したもので、私のこれまでの著作と重なるものもあるので、既読の方は読み飛ばしていただいてかまいません。それと同時に、本文中で紹介した金融商品の詳しい説明をコラムでしています。実際に投資をはじめる前には、こちらは必ず目を通していただきたいと思います。

金融業は市場を通してデータをやりとりする情報産業で、20世紀後半からのICT（情報通信技術）の急速な進歩で大きく様変わりしました。私が「金融２・０」と呼ぶテクノロジー革命によっていまでは個人投資家と機関投資家の差はほとんどなくなり、どのような相場からでも利益を得ることができます。日本国の財政破綻は株価や為替相場を大きく動かしますから、理論的にはそこから莫大な富を獲得することも難しくありません（その代わり大きな損失を被《こうむ》る可能性も増しました）。

第６章では、ある程度の経験のある投資家を対象に、ＦＸ（外国為替証拠金取引）や先物・オプションなどのデリバティブを使って経済的なリスクを〝奇跡〟に変える戦略を解説しました。初心者にはすこし難しいかもしれませんが、このような方法もあるということを頭に入れておけばいずれ役に立つこともあるでしょう。

なぜなら、未来になにが起きるかは誰にもわからないからです。

それでは、「高金利・円安・高インフレ」のアナザーワールドにようこそ。

国家破産はこわくない◉目次

文庫版まえがき　3
まえがき　「高金利・円安・高インフレ」のアナザーワールドにようこそ　7

第1部　序

第1章　〈近未来小説〉日本人を待っていた浅い眠り

3800円のカフェモカ　26
大崩壊　29
東京チャイナタウン計画　32
ジャパンクラッシュ　34
生き延びるための転職　37
Tシャツの億万長者　39
日本脱出　42

第2章　最悪のなかの最善を探せ

ブラックスワン　48
マクシミン戦略　52
構造的な問題は現実化する　54
日本を襲う3つの経済的リスク　57
―コラム①―国債価格が下がると金利が上がる　64
―コラム②―インフレになると通貨は下落する　75
―コラム③―金利が高くなると通貨は下落する　83

第2部　破

第3章　普通預金は最強の金融商品

デフレ不況における最適な資産運用　95

平均的65歳の総資産　98
株式投資しない機会費用　102
「破滅シナリオ」の3つのステージ　106
危険な変動金利ローン　109
なぜ外貨預金ではダメなのか？　111
―コラム④―変動金利型の個人向け国債を利用する　114

第4章　たった3つの金融商品で「国家破産」はこわくない

財政破綻に備える金融商品①　国債ベアファンド　119
財政破綻に備える金融商品②　外貨預金　122
財政破綻のインフレでは地価も株価も下落する　125
財政破綻に備える金融商品③　物価連動国債ファンド　129
金投資はギャンブル　131
「破滅シナリオ」最終ステージ　134
国債のデフォルトと預金封鎖　136

海外の金融機関を利用した「預金封鎖」対策　139
財政破綻から資産を守るには、これだけ知っていれば大丈夫！　143
―コラム⑤―国債ベアファンドの基準価額の動き方　146
―コラム⑥―為替リスクは長期的にはリスクではない　155
―コラム⑦―グローバルなインフレとローカルなインフレ　159
―コラム⑧―キャピタルフライトとはどういうことか？　162

第3部　急

第5章　財政破綻時の資産運用戦略

ヘッジすべき総資産を評価する　168
リスクを取らなければ資産は守れない　170
固定資産を流動資産に変える　173
外貨預金でリスクを取る　175

国債ベアファンドの優位性 177
資産の8割はヘッジできる？ 179
金融資産より大事な人的資本 181
―コラム⑨―世界市場に効果的に分散投資する方法 183

第6章 経済的リスクを〝奇跡〟に変える

リスクを〝奇跡〟に変える戦略① FXでレバレッジをかける 194
FXを使って高金利の外貨預金をする 198
財政破綻で一攫千金は可能か？ 200
リスクを〝奇跡〟に変える戦略② 日本株の暴落に賭ける 203
信用取引で個別株を空売りする 205
日本株ベアファンドでリスク限定のレバレッジをかける 210
日経平均先物を取引する 212
レバレッジの調整 215
リスクを〝奇跡〟に変える戦略③ オプション：生き延びるためのギャンブル 217

「買う権利」と「売る権利」 219
保険会社とギャンブルの胴元 222
プットオプションで株価下落に賭ける 228
アウト・オブ・ザ・マネー 230
経済合理的な大博打 233
―コラム⑩―スワップ金利とはなにか？ 238
―コラム⑪―債券先物で国民年金基金をヘッジする？ 241
あとがき　海外投資はしなくてもいい 245

国家破産はこわくない

第1部

序

第1章

〈近未来小説〉日本人を待っていた浅い眠り

日本人は「失われた20年」の
長いデフレに慣れて、
インフレがどのようなものなのか
想像できなくなってしまった。
日本国の財政が破綻したら、
いったいなにが起きるのか？
「高金利・円安・高インフレ」の
財政破綻後の世界を描く
近未来小説——。

２０××年４月10日（金）。いつものように、午前６時に東京・人形町のワンルームマンションを出る。

ゴミ置き場から生ゴミがあふれ出し、数十羽のカラスが集まっている。２週間前から東京都の清掃業者がストライキをはじめたのだ。ついこのあいだ、幼稚園児がカラスに襲われて顔を５針も縫《ぬ》う大ケガをした。刺激しないようそっと遠回りをする。

公共交通機関が相次いで値上げされたので、よほどのことがないかぎり会社まで歩くことにしている。いまではほとんどの企業が交通費を支給しなくなり、郊外からの遠距離通勤は不可能になった。

日本橋から八重洲へと続く大通りはシャッターを下ろしたままのビルが目立つ。もっとも少子高齢化の影響はどこも同じで、郊外につくられたかつてのニュータウンはすべて廃墟と化してしまった。その荒廃ぶりを見れば、このあたりは下町の風情が残るだけまだマシだ。

３８００円のカフェモカ

皇居の桜はこの週末が満開になりそうだ。東御苑の歩道を走るランナーたちの足取りもこころなしか軽い。

出社前に近くのスターバックスに寄り、3800円のカフェモカを飲むのが私のささやかな贅沢だ。パルプの高騰で紙の新聞は消えてしまったから、iPadを開いてニュースをチェックする。

電子新聞の一面トップはあいかわらず「年金全共闘」で、新宿西口に3万人を超える団塊の世代の高齢者が集まり、「生きさせろ」と叫びながら警官隊と衝突した。大阪では1年以上も公務員の大規模ストがつづいていて、街中がゴミに埋まり、道頓堀を巨大なドブネズミが走り回っている。近隣の自治体は自警団を組織し、県境で検問を行なって、ゴミの不法投棄を阻止しようと躍起《やっき》になっている。

野球もサッカーも有望選手はほとんど海外に移籍してしまって、スポーツ欄は大リーグとヨーロッパサッカーの話題ばかりだ。いまでは「プロ」野球もJリーグもほとんどがアマチュア球団になってしまった。

数年前、「日本再生」を掲げる新政権が誕生すると、日銀は史上例をみない大規模な金融緩和策を実施した。円安と株価の上昇で久しぶりに日本経済に明るい見通しが広がったが、それと同時に原油や天然ガスなどの輸入価格の上昇で貿易赤字が拡大し、国債価格は徐々に下落して長期金利が上がりはじめた。リフレ政策を唱える経済学者たちは、ようやく長いデフレから脱却できると、この現象をもろ手を挙げて歓迎した。

それから、物価の上昇がはじまった。最初はガソリンと野菜で、円安による石油価格の高騰と冷夏が原因だとされた。

それでもまだひとびとは、比較的落ち着いていた。物価の上昇が急激でなかったため、経済評論家たちはニュース番組で、日本経済復活に必要なマイルドなインフレがようやく起きはじめたのだと解説した。

実際、この異変は当初、歓迎されていた。株価の大きな上昇で銀座のクラブに活気が戻り、ミシュランの星付きレストランはどこも予約でいっぱいになった。預金金利が3%に上がって、「利子で生活が楽になった」と喜ぶ高齢者がワイドショーで紹介されたりもした。

もちろんなかには、金利の上昇が国の借金を膨張させると警告する経済学者もいた。しかし大半は、円安で製造業の競争力が復活し税収が増えるから問題ないと楽観視していた。だが実際には、円高がやってきた。

ヨーロッパでは、再発したギリシア危機がスペインやポルトガル、イタリアなど南欧諸国に波及し、ローマやマドリードで大規模なデモが頻発して、選挙のたびに政権が交代する混乱がつづいていた。金融危機を恐れるＥＣＢ（欧州中央銀行）が金融機関の保有する国債を大量に買い上げ、市場に通貨を供給したため、金利はほぼゼロに張りついたままだった。

アメリカは相変わらず失業率が高止まりしたままで、FRB（連邦準備制度理事会）は量的金融緩和（QE）政策を変更する機会を逸し、地価や株価の下落を恐れてゼロ金利を維持するほかなくなっていた。FRBは共和党の強硬な反対を抑えてQE4とQE5を実施し、長期金利は2％を下回る歴史的な低水準がつづいていた。

そんなときに日本の金利が上昇したため、海外の投資家は競って日本国債を買いはじめた。それによって為替は大きく円高に動き、わずかな期間で短期債を中心に日本国債の約3割を外国人投資家が保有するようになった。

金利が上がりはじめたのは、家計など国内の貯蓄で政府の赤字を賄《まかな》えなくなったからだった。外国人投資家が日本国債を買い支えたため、金利の上昇やインフレはかろうじて抑制されていたのだ。

大崩壊

インフレ率が2％を超えるようになっても、待ち望んでいた景気回復はやってこなかった。銀行の変動金利の上昇で住宅ローンを払えなくなったひとたちが自己破産し、失業率は7%を超えて、自殺者がふたたび3万人を上回った。

経済学者たちは、いま起きているのが「よいインフレ」か「悪いインフレ」かでふたたび罵《のの》り合いをはじめた。

「よいインフレ」というのは賃金の上昇と需要の伸びをともなうディマンド・プル・インフレで、「悪いインフレ」とは賃金が減るなかで生活コストだけが上がっていくコスト・プッシュ・インフレだとされた。日本経済はデフレ不況よりもさらに悪い、インフレと不況が同時進行するスタグフレーションに陥りつつあるといい出す者もいた。

「大崩壊」のきっかけは、思いがけないところからやってきた。中国の不動産バブルがとうとうはじけたのだ。

2008年のリーマンショックで輸出産業が苦境に陥ると、共産党政府は4兆元(当時の為替レートで約57兆円)もの公共投資を実施し、地方政府は鉄道や空港、港湾などのインフラ整備や工業特区、商業施設、住宅の建設を競った。その結果、中国各地に誰も住んでいない高層マンションやテナントの入らないゴースト商業施設が大量につくられ、インフレを恐れた政府が金融引き締め策に転じると不動産開発会社や投資家がつぎつぎと破産して、地価と株価の暴落で中国経済は大混乱に陥った。

中国の不動産バブル崩壊で日本の株価も大きく下落し、為替市場は急激な円高に襲われた。投資家が安全を求めて円に殺到したため、度重なる為替介入にもかかわらず為替相場は4割も上昇し1ドル＝70円を切った。

この超円高によって輸出企業の採算は急速に悪化し、失業率は10％の大台を超えた。日本の製造業はまったく利益を上げられなくなり、自動車や電機などのメーカーだけでなく、鉄鋼業や非鉄金属、化学工業などの素材型製造業までが国内工場を閉鎖し、日本経済のサプライチェーン全体が海外に移転してしまった。

それと同時に、大幅な赤字に陥った日本企業が海外資産を売却しはじめ、アメリカの金利が上昇した。500兆円に及ぶ日本の対外資産が売られればアメリカ国債が暴落するとの懸念が表面化し、スタンダード・アンド・プアーズとムーディーズが相次いで米国債の格付けを引き下げた。基軸通貨ドルの信用不安は世界経済に激震をもたらし、為替レートは1ドル＝50円台に突入した。

日銀は〝禁じ手〟とされてきた外債の直接購入に踏み切ったが、恐怖に駆られた投資家たちの津波のようなドル売りに抗《あらが》うすべもなかった。

こうして日本の輸出産業は、完全に息の根を止められてしまった。

東京チャイナタウン計画

カフェモカを飲み終えると、東京駅前のハイアールビルにある会社に向かう。「大崩壊」の前は丸ビルの愛称で知られていたが、いまや覚えているひとはほとんどいない。それ以外にも、サムスンプラザやタタ・ヴィレッジなど、東京都心の主要ビルはほとんどが外国企業の所有になってしまった。

私が契約営業マンとして働いているのはかつての財閥系大手不動産会社で、いまでは親会社もろとも中国の投資会社に買収され、社員の半分が華人（中国人、台湾人、香港人、シンガポール人）になった。CEOはスタンフォード大学でMBAを取得した30代の中国系アメリカ人で、華僑などから集めた資金で買収ファンドを組成し、東京の都心部に富裕層向けのチャイナタウンを建設しようとしていた。

不動産バブル崩壊とともに年率10％を超える驚異的な経済成長が終わった中国は、政治の季節を迎えていた。重慶や成都のような内陸部の大都市だけでなく、先月はついに北京でも大規模な民主化デモが起こり、天安門広場を占拠して警官隊と衝突した。海外メディアは、共産党指導部は人民解放軍の出動を検討したが、軍事クーデターを恐れて断念せざるを得なかったと報じた。

共産党の一党独裁のもとで市場経済を導入した中国では、富裕層は国や地方政府の共産党幹部との「関係《グワンシ》」で莫大な富を築き上げてきた。民主化によって共産党の独裁が終われば、過去の不正蓄財が徹底的に調べ上げられるのは間違いない。そのことに気づいた彼らは、いまや自らの資産を守ろうと必死になっていた。

中国社会が動揺するにつれて、ファンドには莫大な資金が流れ込んでくるようになった。最初は50億ドルでスタートしたのだが、それがいまでは1000億ドル規模にまで膨張した。

通貨の信用が失墜しても、日本人が戦後、営々と築いてきた社会インフラの価値は変わらない。東京のように、上下水道や電気・ガスはもちろんのこと、公共交通機関が網の目のように発達し、若い女性が深夜でも一人歩きできるほど治安がよく、ミシュランの星を獲得したレストランがあちこちにあるような高機能の都市は世界でもまれだ。

海外の投資家、とりわけ中国の富裕層はそのことをはっきりと認識していた。チャイナマネーの受け皿となったカナダやオーストラリアの不動産価格が高騰し、移民の制限が行なわれると、彼らの関心は外国人にも法によって所有権が保障され、中国から距離的に近く時差もないうえに、住むのに快適な日本に向かうようになった。

午前9時の営業会議は、北京・上海・台北・香港・シンガポール・東京を結んで行なわれた。いまではアジアの次世代経営者の一人と目されているCEOが、自家用ジェットに搭載した衛星回線で手短に事業計画を述べた。

「3000年の歴史のなかで、国家を信用した中国人など一人もいない」CEOは皮肉な口調でいった。「人類にとって重要なのは、国ではなく市場だ。国家としての中国が解体していくのなら、それはわが社にとって最大の商機だ」

中国の富裕層のキャピタルフライトが本格化するまでに、できるだけ多く都心部の優良物件を確保することが、私たち「東京チーム」の任務なのだ。

ジャパンクラッシュ

「大崩壊」によって、日本社会も日本人の人生も大きく変わってしまった。

金利が上昇しはじめると、住宅ローン破産が急増した。超低金利に慣れ親しんだひとたちは、ほとんどが変動金利の長期ローンでマイホームを購入していた。それが突然、ローン金利が10%台まで上がり、毎月の返済額は2倍になった。

ローンを払えない契約者が続出すると、銀行は抵当物件を片っ端から競売で売却した。金利の上昇で新規物件の販売は低迷し、そこに大量の競売物件が流れ込んだため、都市部を中心に地価は大きく下落した。

政府は当初、住宅ローン破産を防ぐための特別措置を講じようと試みた。

だが金融当局は、銀行の財務内容を見たとたんに、ローンの繰り延べや競売の一時停止が不可能なことを思い知った。日本の銀行は国債価格の下落で巨額の損失を抱えており、そのうえ担保にしていた不動産まで暴落したのだから、いまや数行を除いて実質債務超過に陥っていた。不良債権問題を先送りする余裕などなく、返済が滞《とどこお》れば即座に処理する以外に選択肢はなかったのだ。

金融危機の引き金を引いたのは、ゆうちょ銀行とかんぽ生命の破綻危機説だった。国債保有残高はゆうちょ銀行が70兆円、かんぽ生命が40兆円もあり、国債価格の下落を時価評価すればこのふたつの元国有金融機関が回復不能な債務超過であることは誰の目にも明らかだった。

日本売りを仕掛けていたヘッジファンドが最初にこのことをいい立て、ウォールストリートジャーナルやフィナンシャルタイムズなどの海外メディアが大きく扱った。それを日本の週刊誌やワイドショーが扇情的に報じたため、全国の郵便局で取りつけ騒ぎが起きた。

日本政府は超党派で金融危機特別法を可決させて、ゆうちょ銀行とかんぽ生命を再国有化するとともに時価会計を一時的に停止し、簿価会計に戻すことにした。それと同時に、金利の上昇を抑えるために日銀法を改正し、日銀に直接、国債を買い取らせることも決定した。

だがこれは、海外の投資家には日本政府が公式に財政破綻を認めたと受け取られた。巨額の日本国債を保有していた機関投資家は大混乱に陥り、日本株、国債、円が投げ売りされた。翌日物のコールレートは一時20%という消費者金融並みの水準まで上がり、日経平均は6000円割れまで暴落、円は一転して1ドル＝150円を超えるまで下落した。

これが、2008年のリーマンショックを上回るジャパンクラッシュで、1日で為替レートが10%以上も変動する狂乱相場に金融機関のトレーディング部門はつぎつぎと巨額損失を計上し、名門と呼ばれた欧米の投資銀行がいくつも消滅した。

アメリカなどからの強い圧力を受けた日本政府は、銀行救済のため大規模な資本注入を余儀《よぎ》なくされ、大半の銀行が実質国有化される異常事態になった。その資金は日銀が直接、国債を引き受けて捻出されたため、円の信用はさらに失われた。

長期金利が10%を超える水準では、1000兆円の借金を抱える日本の財政は利払いすらできなくなってしまう。償還のたびに国債を増発する悪循環で、通貨の発行量は際限なく膨張した。

食料品や生活必需品を中心に、物価が急速に上がりはじめた。スーパーの値札はたちまち倍になり、現金を握りしめたひとびとが買い物に殺到し、店頭からモノがなくなった。

日本社会は、パニックに陥った。

生き延びるための転職

私は30代半ばまで、大手電機メーカーの技術者だった。海外企業との価格競争に巻き込まれてボーナスは年々減らされたが、会社にしがみついていれば定年まで食いつなぐことはできるだろうと、漠然と信じていた。

だがハイパーインフレが、すべてを変えてしまった。

最初に、年金生活の高齢者が家を失って路上生活をはじめた。日比谷公園ではホームレスのための炊き出しが1日3回行なわれていて、1万人ちかくが公園内で暮らしている。同様に上野公園や新宿中央公園、荒川の河川敷も段ボールハウスで埋め尽くされた。

次いで、公務員のストライキが頻発するようになった。失業率は20%に達し、若年層にいたっては大学を卒業しても半分が職につけない惨状で、街には浮浪者があふれていた。政治家は公務員の給与を引き上げることに二の足を踏み、実質給与はいまやかつての半分以下になった。週刊誌には、事務次官の妻がコンビニでレジ打ちをしたり、財務官僚の娘がキャバクラで学費を稼ぐ様が面白おかしく取り上げられた。

これまでの常識が跡形もなく崩壊していく現実を見て、生来臆病な私も、このまま座して死を待つわけにはいかないと腹をくくった。わずかな退職金で会社を辞め、まったく縁のない不動産営業の世界に飛び込んだのだ。

生き延びるために不動産業を選んだのには、理由がある。

半年ごとに政権と首相が変わったあげく、日本がＩＭＦ管理になるとの憶測が流れて、ようやく超党派の救国内閣が成立した。

新政権の喫緊《きっきん》の課題は財政の健全化で、消費税率は30％になり、年金の受給年齢は70歳に引き上げられた。医療・介護サービスは保険料が大幅に上がり、自己負担は5割で、歯科治療が健康保険から外された。

財政再建の道筋が見えると、東京の中心部から不動産価格が上昇しはじめた。円安と地価の下落によって、外国人投資家にとっては銀座の一等地がかつての5分の1の価格で買えるようになったのだ。

私の唯一の取り得は、ビジネス英語が話せることだった。外資系の小さな不動産会社に転職すると、辞書を引きながら徹夜で契約書を翻訳し、欧米はもちろん中国やインド、東南アジアの投資家に東京の不動産を営業して回った。

その実績が認められて、いまの会社にヘッドハンティングされた。目標に到達できなければ問答無用で解雇されるが、成績次第で青天井の報酬が支払われるという条件だ。

私が以前勤めていた電機メーカーはインドの会社に買収され、「同一労働同一賃金」の原則のもと、日本人社員もインド人と同じ給料で働いている。彼らの窮状を聞くにつれ、厳しいけれどもここで頑張るしかないとあらためて思う。

Tシャツの億万長者

ビデオ会議が終わると、六本木の個人投資家の事務所に向かう。数少ない日本人顧客の一人で、まだ30代前半の若者だ。

大学を中退してFXとパチスロで生活していた彼は、1ドル=60円台から300円台に通貨が暴落する過程で、レバレッジをかけた巨額の外貨ポジションをつくり、莫大な利益を得た。その資金を元手に不動産投資をはじめ、いまでは渋谷や青山に数棟のビルを所有している。金融危機から3年で、日本の富裕層はほぼ全面的に入れ替わってしまった。

若者の事務所はハイテクを駆使した高層ビルの最上階にあった。東京タワーや浜離宮、レインボーブリッジが一望できるロビーで、円安のためいまでは超高級品となったハワイコナのコーヒーを飲んでいると、大手銀行の支店長が額の汗を拭《ふ》きながらサイバールームから出てきた。

実質国有化されたその銀行は公務員並みの給与しか支給することが許されず、有能な人材はすべて外資系に移ってしまった。残ったのは英語も話せず、金融の専門知識もない中高年ばかりで、彼らにできることといえば、かつてはゴミかムシケラのようにしか思っていなかったニートの若者のもとに日参し、融資させてほしいと懇願するくらいだ。金融機関の不良債権があまりに膨大になったので、先に国有化されたゆうちょ銀行と統合し、世界最大級の〝ボロ銀行〟が誕生すると噂されていた。

最先端の電子機器に囲まれたサイバールームに入ると、億万長者となった若者は短パンにTシャツという軽装で、5台のモニターで相場をチェックし、スマートフォンでツイートしながら、用件だけを一方的にしゃべった。世界じゅうの株と為替に投資する彼は、いまでは１００万人を超えるツイッターのフォロワーに〝ご託宣〟を発信するカリスマでもあるのだ。

顔色は悪く、ほとんど眠っていないようだ。机の端には、カップ麺の残骸が積まれていた。3つの国有銀行から融資を受けることが決まったので、日本橋三越本店の競売に参加することにしたというのが、その日の商談の内容だった。

日本だけでなく世界じゅうで富の二極化が進んでいた。数兆円の資産を持つ彼のような成功者がいるかと思えば、大半の若者は職もなく、生活保護も打ち切られ、親と同居するか、さもなければホームレスになるほかない境遇に置かれている。アメリカやヨーロッパも同じで、富裕層を狙ったテロが頻発し、ウォール街は重武装の私設軍隊によって警備されるようになった。

それと同時に、国内での地域間格差も広がってきた。

日本のなかで、ニューヨークやロンドン、上海、ムンバイなどの大都市と競合できるのは東京だけで、「地方を見捨てて国家のすべての資源を首都圏に注ぎ込み、世界の都市間競争に勝ち残るべきだ」というポピュリストの女性政治家が圧倒的な人気で都知事に就任した。公務員のストライキに業《ごう》を煮《に》やした彼女は、東京自体を民営化して私企業が経営すべきだという「株式会社東京都」構想を唱えて新党を結成し、いまや次期総理大臣の最有力候補になっている。

日本脱出

外苑前で2万円のビジネスランチを食べたあと、次のアポイントメントまですこし時間ができたので南青山の知人を訪問することにした。50歳でリタイアし、マレーシアで海外移住生活を送っていたのだが、円安と地価の下落を見て、外貨資産を円に戻して日本に帰ってきた「海外Uターン族」の一人だ。

「じつはもういちど海外で暮らそうかと思っているんですよ」。ベネチアングラスに最高級のボルドーワインを注ぐと、彼はいった。「日本社会は閉塞《へいそく》する一方で、このままここで老いていくのがつらくなってきたんです」

ハイパーインフレにもかかわらず人件費はなかなか上がらず、失業率だけが上昇しつづけた。年間の自殺者数は5万人を超え、自殺率は世界でもっとも高くなった。

経済評論家たちは、超円安で日本経済は復活すると大合唱した。だが実際には、財政が破綻し通貨が大幅な円安になっても、いったん海外に流出した製造業は戻ってはこなかった。

日本国内の設備は老朽化しているため、東南アジアの最先端の工場には太刀打ちできなかった。円安のため石油や原材料の輸入価格が上がり、それが利益を圧迫するので、新たに国内に工場をつくっても採算が合わないのだという。

日本企業の株価は低迷し、海外の投資ファンドの格好の買収対象となった。外国資本となった企業は不採算の国内市場から撤退し、本社を香港やシンガポールに移した。

円安による経済復活の夢が潰《つい》えると、この国にはなんの希望もなくなってしまった。

それに輪をかけたのが、政府の増税政策だ。経済格差が有権者の最大の関心事になると、富裕層に対する懲罰的な課税を公約にした政党が連立政権に加わるようになった。彼らは所得税の最高税率を80％にし、1億円を超える金融所得には50％課税し、相続税にいたっては全額課税、すなわち死んだら財産は国庫に没収すべきだと主張していた。

それを嫌って、富裕層を中心に日本人がぞくぞくと海外に脱出するようになった。その一方で、外資受け入れのため海外からの投資にはさまざまな優遇措置が講じられていた。その結果、土地も企業も次々と外国人に買われていったのだ。

ギリシア最大の都市はアテネ、第二の都市はテッサロニキ、第三の都市はメルボルンだという。破綻した故国を見捨てたギリシア人が親類縁者を頼ってオーストラリアに移民した結果、いまやメルボルンのギリシア人コミュニティの人口は15万人を超えている。

それと同じように、タイやカンボジア、ベトナムなど東南アジアに巨大な〝日本人村〟ができつつあった。そのなかには、仕事のない若者や年金では暮らせなくなった高齢者たちが集まって、自分たちで土地を耕して米や野菜をつくる自給自足のコミュニティもあった。そんな日本人村でビジネスを立ち上げ、現地資本と組んで高級住宅地を開発し、スローライフを売り文句に日本の富裕層を誘致する起業家がぞくぞくと現われた。

「私もしばらくしたら、国内の資産をすべて売り払って、カンボジアのシェムリアップの日本人村に行こうかと考えているんです」

ワイングラスを優雅に傾けながら、彼はいった。

「このあたりもすっかり外国人が多くなって、日本のむかしのよさなんてすっかりなくなってしまったでしょ。カンボジアの田舎には、それがまだ残っているんですよ。村には子どもたちがたくさんいて、まるで孫たちに囲まれているみたいなんです」

彼はすでにカンボジアにふたつの小学校を寄贈している。どちらも日本から職人を呼んでつくらせた本格的な木造建築で、稲穂の揺れる田園を背景に真っ白な学生服を着た子どもたちがランドセルを背負って登校する姿は、まるで懐かしい昭和30年代のようだと目を細めた。

海外の日本人村には、いまや最先端の医療・介護施設があり、日本人の医師とスタッフが常勤している。鮨や天ぷらなど日本食で手に入らないものはなく、プノンペンにはミシュランで星を獲得した懐石料理の店がある。

そんな話を聞いていると、老後を東南アジアの田舎で暮らすのもいいかもしれないと思えてきた。だが私には、その前にやらなければならないことがある。

金融危機とそれにつづくハイパーインフレで、私の実家も妻の実家も、祖父母が年金だけでは生活できなくなった。そのうえ父と義理の父がリストラされ、路頭に迷ってしまった。それで田舎に3軒の家と農地を格安で購入し、一族が肩を寄せ合って暮らすようにしたのだ。同じようなケースはほかにも多く、日本は大家族制に戻りつつあった。

今日は早めに仕事を切り上げて、午後6時の特急電車で南アルプスの家に帰る。

東京駅前は、夕方になると街娼と赤ん坊を抱いた物乞いの女たちが集まってくる。嬌声《きょうせい》と哀訴の声に耳を閉ざし、スーツの袖をつかむ骨ばった腕を払いのけて改札を通り抜け、5000円のビールとつまみを買ってあずさのグリーン席に乗り込む。平日は都心のワンルームマンションに単身赴任し、週末に家族の待つ田舎に戻る生活をはじめて1年になる。

プルトップを引いて、冷たいビールを喉《のど》に流し込む。この週末は、失業した妻の弟が、いっしょに暮らせないかと相談に来ることになっている。娘の進学問題も頭が痛い。将来に不安がないわけではないが、泣き言はいえない。いまや一族の全員が私を頼っているのだ。

中国語やハングルやアラビア文字のネオンサインが、新宿の夜空をあやしく染めていた。青白い月に照らされた満開の桜を眺めながら、いつしか浅い眠りに落ちていた。

第2章

最悪のなかの最善を探せ

リスクには、管理可能な
確率的リスクと、管理不可能な
不確実性のリスクがある。
財政破綻という
"ブラックスワン"が現われたとき、
日本人の運命は大きく変わるだろう。
だが幸いなことに、
経済的な混乱でなにが起きるかは
予測可能なのだ。

21世紀は9・11同時多発テロで幕を開け、アフガニスタンとイラクで大きな戦争がはじまり、リーマンショックが世界金融危機の引き金を引いて、日本は東日本大震災と原発事故に見舞われました。わずか10年あまりでこれだけの事件が起きたことを考えれば、次の10年が平穏に過ぎていくと思うのはよほどの楽天家だけでしょう。

実際、次なる大災害の材料は世界じゅうに散らばっています。イランの核施設へのイスラエルの先制攻撃、イスラム過激派による大規模なテロ、インドとパキスタン(ともに核保有国)の軍事衝突、中国の民主化運動や民族紛争、北朝鮮の核実験と弾道ミサイル、さらにはEU解体やアメリカの政治的分裂など……。東海、東南海、南海地震などが同時発生する南海トラフ巨大地震で死者32万人、家屋などの全壊238万棟という被害想定も公表されました。

現代社会は巨大なリスクに晒《さら》されています。この「リスク社会」を、私たちはどのように生き延びていけばいいのでしょうか。

ブラックスワン

リスク(数学的には「ばらつきの程度」)には、管理できるものとできないものがあることが知られています。

管理可能なリスクとは、たとえば交通事故のようなものです。

一つひとつの重大事故は被害者や加害者の人生を一変させてしまいますが、日本国内で起こる交通事故をすべて集計すれば毎年の死者の数はほぼ一定になります。そのデータに基づいて損害保険会社は保険料の額を決め、不幸にして交通事故にあったら(あるいは事故を起こしたら)どのような経済的な得失があるのかをあらかじめ決めておけるのです。

それに対して原発事故は、管理不可能なリスクです。

周知のように日本の原発は〝絶対安全〟が前提で、政府も電力会社も原子力の専門家もメルトダウンのような重大事故を起こり得ないことにしていました。放射能の拡散が現実になってみると、住民の避難や風評被害への補償、土壌の除染や食品の放射線基準などなにもかも想定外のことばかりで、山積する難問をどのように解決すればいいのか手探りの状況がつづいています。

まれにしか発生しないが、いったん起こるととてつもない変化をもたらすような出来事を〝ブラックスワン〟といいます。17世紀末にオーストラリアでコクチョウ(ブラックスワン)が発見されるまで、スワン(ハクチョウ)とは白い鳥のことだと誰もが信じて疑いませんでした。しかしその常識は、たった一羽のコクチョウによってすべて覆《くつがえ》されてしまいます。管理不可能なリスクすなわち不確実性は、ときに世界の姿を大きく変えてしまうのです。

管理可能な確率的なリスクには保険をかけることができます。病気や事故、火災件数などは統計的に予測可能だからです。

それに対して不確実な事象（ブラックスワン）は統計的に把握することができず、原理的に保険が成立しません。

原発保険は民間の保険会社が補償額に上限を設定していて、最終的なリスクの引き受け手は国家になるほかありません。世界金融危機において、金融機関の破綻リスクに保険をかけようとしたＣＤＳ（倒産保険）が機能しなくなったのは、統計的にはあり得ない市場の混乱が起きたからでした。

リスクには、管理可能な確率的なリスクと、管理不可能な不確実性のリスクがあります。

管理可能なリスクは、保険によって社会に組み込まれていきます。

自動車の発明はひとびとの移動の自由を飛躍的に拡大し、物流を効率化して社会をゆたかにしましたが、しかしその一方で、日本では年間４０００人前後が交通事故で死亡しています。

「ひとの生命は地球よりも重い」と考えれば、この問題を解決する方法はひとつしかありません。すなわち、自動車を危険物として、その製造・販売・利用を法で禁止するのです。

この主張が荒唐無稽《こうとうむけい》なのは、自動車の利用には年間4000人の生命を上回る価値があることを誰もが知っているからです。その代わり私たちの社会は、ドライバーを強制的に保険に加入させ、事故の被害者に相応の賠償金が支払われるようにすることで交通事故のリスクに対処しています。

夫や妻、子どもの生命はお金には代えられないが、それでも無理矢理金銭に換算して損害を賠償する――これが可能なのは、交通事故が管理可能な確率的なリスクだからです。

それに対して原発事故は、いちど起きるとその損害が天文学的に膨れ上がっていきます。放射能に汚染されたがれきの処理や土壌の除染費用の試算は、2013年の11兆円から16年には21・5兆円へとわずか3年で倍増しました。それでも事故前の住環境に戻すことは不可能で、避難したひとたちの生活支援や精神的損害の賠償もこのままでは際限なく増えていくでしょう。

このような解決不能な問題が噴出するのは、天災（大地震）やテロ、戦争などと同様に、巨大科学技術による災害もまた管理不可能な不確実性のリスクだからです。

人類は、放射能を安全に管理する科学技術を持っていません。だとすれば、「核」はもともと手を出してはならない禁断の果実だったのです。

マクシミン戦略

社会に組み込まれた確率的なリスクであれば、私たちはそれをなんとか許容して生きていくことができます。

交通事故にあわないもっとも確実な方法は家から一歩も出ないことで、飛行機に乗らなければ飛行機事故で生命を落とすこともありません。しかしこれでは人生の可能性を大きく狭めてしまうので、ふつうは生命保険や自動車損害保険、旅行保険に加入したうえでリスクを取ることを選択します。

それに対して管理不可能な不確実性のリスクは、そもそも保険がきかないのだから、別の対策が必要になります。といっても、こうしたリスクには常に最適な対処法があるわけではありません。

歴史が繰り返し証明しているように、人類にとって最大のリスクは国家権力です。中国の文化大革命やポルポト時代のカンボジアのような国家の暴走に巻き込まれたら、無一文で国を捨てる以外に生き延びる方法はありません。ユーゴスラビア解体やアフリカ・ルワンダの大虐殺、シリアの内戦などの権力の崩壊も同じで、警察や消防、病院やライフラインなど、生活に必要なあらゆる社会機能が失われ、ひとびとの憎悪だけが膨らんでいきます。その破滅的な影響を考えれば、私たちがもっとも警戒すべきなのが国家（権力）であることは間違いありません。

それに対して原発事故は、きわめて深刻な事態ではあっても、最悪の場合の個人への影響が予測可能です。

福島第一原子力発電所の３基の原子炉すべてがメルトダウンを起こしたり、使用済み核燃料を保管しているプールが崩壊して大量の放射性物質が飛散したりしたら、東日本全域が高濃度の放射能に汚染されることになったでしょうが、それでも北海道や西日本は居住可能です。もちろん、アメリカやヨーロッパ、オセアニアなどに移住すれば放射能の危険性を大きく軽減することができます。

放射線は遺伝子を傷つけがんなどの変異の原因になりますが、その危険性は子どもほど大きく、高齢者にはあまり影響がないことがわかっています。リスク許容度のもっとも低いのが赤ん坊のいる家庭で、高齢者だけの家庭は（科学的には）低線量なら生活に支障はありません。

このように考えると、それぞれの家庭において、最悪の事態を想定した場合の対策を決めることができます。ある場合は、日本を出て家族で海外で暮らすことかもしれません。西日本で転職先を探したり、妻と子どもだけが移住するという選択もあるでしょう。あるいは、そのままいまの場所に住みつづける決断をするひともいるかもしれません。

実現可能性は別として、こうした計画が可能になるのは、戦争や内乱とはちがって、原発事故の〝最悪〟を想定できるからです。このようなとき、私たちは無意識のうちに最悪の状況（ミニ）を考え、そのなかで最善の行動（マックス）をとろうとします。

これが、「マクシミン戦略」です。

構造的な問題は現実化する

財政破綻の危機に瀕したギリシアの混乱が連日のように報じられた頃、日本の「国家破産」がマスメディアを賑わしました。

日本国の税収は歳出の半分以下しかなく、毎年借金が増えていきます。２０００年には約６５０兆円だった国の借金は、14年には１０００兆円を超えてしまいました。

消費税率を10%に引き上げたとしても焼け石に水で、このままでは債務はとめどもなく膨張してしまうでしょう。

ここであらかじめ断っておきますが、「国家破産」の不吉な未来を予言して人心を惑わすことは私の本意ではありません。それでも〝財政ハルマゲドン〟の予言者がたくさんいて、彼らの言葉にそれなりの根拠がある以上、ただ耳をふさいでいればいいというわけにもいきません。

世界金融危機が明らかにしたように、金融市場はきわめて複雑なネットワークで、因果論や確率論では未来を予測することはできません。すなわち、なにが起きるかは誰にもわかりません。

財政赤字というのは、収入（税収）に対して支出（公共サービス）が大きすぎることです。アベノミクスによって日本経済が高度成長期並みに大復活して税収が大幅に増えたり、強大な権力を持つ政権が消費税率を20%に引き上げ、年金や健康保険、生活保護などの社会保障を徹底的にカットすれば、日本の財政は健全化するかもしれません。

私はこのような「明るい未来」を願っていますが、しかしその一方で、それを前提として人生を設計するだけの度胸もありません。

ユーロ危機が突きつけたのは、「構造的な問題は現実化する」という冷厳たる歴史
法則です。
ユーロが発足したとき経済学者たちは、「各国の財政が独立したままで通貨だけを共通にする制度が持続可能なはずはない」と批判しました。しかし尊大なヨーロッパの政治家たちはその警告に耳を貸さず、「ドルに代わる基軸通貨をつくる」という政治的な野心を優先したのです。

世界金融危機の前、ヨーロッパはわが世の春を謳歌《おうか》していました。イタリアやスペインは不動産バブルに沸き、多国籍企業の誘致に成功したアイルランドは「ケルトの奇跡」と呼ばれ、アイスランドは銀行の資産がGDPの10倍を超える〝ヘッジファンド国家〟となりました。

しかし、絶頂から落日までは一瞬でした。世界金融危機で「照明」が落ちてみればなにもかもが金の張りぼてで、ヨーロッパの国々はこれから宴《うたげ》のあとの大きすぎるつけを払いつづけることになるでしょう。どちらの「予言」が正しかったのかはいうまでもありません。

日本国の財政赤字も構造的な問題で、国家が無限に借金することはできないのですから（もしそれが可能なら錬金術になってしまいます）、このままでは危機はいずれ

現実化するでしょう。その影響が計り知れないものである以上、私たちは個人としてそのリスクに備えなければなりません。

日本を襲う3つの経済的リスク

幸いなことに（といっていいと思いますが）、戦争や内乱といった破滅的な事態に比べれば、財政破綻のような経済的な混乱ははるかに容易に対処可能です。

国家が借金の返済に窮《きゅう》したときに起きることは原理的に明らかで、そのことはこれまでなんども歴史が証明してきました。たとえばギリシアは、１８３０年の独立から２００８年までの約１８０年間で、破綻（債務不履行と債務条件変更）期間が50％を超えています。国家は、私たちが考えるよりもはるかに頻繁に破産するのです。

日本国の財政が破綻すると、経済的には以下の３つのことが起こり、それ以外のことは起こりません。

①金利の上昇
②円安
③インフレ

以下、この3つのリスクを具体的に検証してみましょう。

▼【金利の上昇】

財政破綻は、国債の暴落による金利の上昇をきっかけにはじまります。これは財政破綻の定義で、それ以外の経済的な事象（円安やインフレ）が起きても、金利が大きく上がらなければ景気の回復につながるでしょうから財政は破綻しません。

2012年末から日本株が大きく上がったのは、アベノミクスによる日銀の金融緩和を期待して低金利のまま円安が進んだからです。インフレになったとしても、それが日銀の目標とする1〜2％のマイルドなものなら、消費が刺激されて経済は活性化するでしょう。

しかし国債価格が大きく下落（金利が上昇）すると、国債を大量に抱える金融機関が時価評価で債務超過になってしまいます［コラム①］。これがヨーロッパで起きた事態で、ユーロ危機が深刻化したのは、PIIGS（ポルトガル、イタリア、アイルランド、ギリシア、スペイン）の国債が軒並み下落したため大手銀行の資産が劣化し、それが投資家の不安を呼んで国債が売られる悪循環に陥ったからでした。

財政危機は国債価格（金利）を見ればわかる。

これが第一のポイントです。

仮に日本国債が暴落すれば、なにが起きるのでしょうか。

日本の銀行や保険会社は大量の国債を保有していて、国債暴落で巨額の評価損を被《こうむ》ることは避けられません。資産の3割から5割を国債で運用しているゆうちょ銀行やかんぽ生命はもとより、それ以外の金融機関のなかにも、救済のために実質国有化されるところが出てくるでしょう。

金利の上昇によって変動金利でマイホームを購入したひとは返済ができなくなり、自己破産と不動産の競売が急増することも間違いありません（これはバブル崩壊後の90年代後半に実際に起きました）。短期の借り入れで資金繰りをしている企業も同じで、金融危機と企業の倒産、住宅ローン破産はひとつの原因（金利上昇）から発生する同一の現象です。

大規模な金融危機は地価と株価の下落をもたらし、企業の倒産とリストラによって失業率は大きく上昇するでしょう。日本の社会は失業率が上がると自殺者が増える構造になっているので、欧米並みに失業率が10％台になれば年間自殺者数は5万人を超えてしまうかもしれません。

こうした暗鬱な予想は、けっして荒唐無稽なものではありません。97年のアジア金融危機や98年のロシア危機、2001年のアルゼンチン通貨危機から08年の世界金融危機まで、これまで幾度となく同じ光景が繰り返されてきました。ひとたび金融危機が起きてしまえば、その後の展開は一直線なのです。

▼【円安】

財政破綻で超円安を予想するひとが多いとしても、実際になにが起きるかはそのときになってみないとわかりません。

日本の対外純資産は民間だけで310兆円以上あり、国内金利が上昇すれば海外資産を売却して円に戻す動きが広がるでしょう。金利の上昇で海外投資家が日本国債に投資し、それが円高につながるかもしれません。

ただし、為替レートは長期的にはインフレ率と金利差を調整するように動きますから、高金利の通貨はいずれは安くなります［コラム②］。この〝市場原理〟がはたらいて、日本経済の高金利とインフレが定着すれば為替レートは円安に向かうはずです。

為替の水準は、金利の上昇とインフレがどこまで進むかによります。円の為替レートというのは日本円と外国通貨を交換する際のたんなる換算の道具ですから、ハイパーインフレのような極端な事態を想定すれば、1ドル=500円や1000円になってもおかしくはありません。歴史上、通貨の価値が10分の1や100分の1になることはけっして珍しくはないのです。

▼【インフレ】

20年もデフレがつづいて、私たちはモノの値段が上がることをうまく想像できなくなってしまいましたが、財政破綻は最終的にはインフレに行きつきます。

これはきわめて単純な理屈で、インフレというのは国家にとって税金の一種であり、歴史上、巨額の財政赤字はほとんどが「インフレ税」によって清算されてきました。インフレで借金の実質価値を減らすことができなければ、どこまでも財政赤字は拡大しつづけるから、けっきょくインフレになるほかはないのです。

国債というのは固定金利による借金です。

あなたの月収が20万円で、期間10年で1000万円の住宅ローンを年利3%で借りているとしましょう。このとき日本を900%(10倍)超のインフレが襲えば、生活はなにひとつ楽にならなくても、名目の月収は200万円になります。金利も大幅に上がっているでしょうから、これを銀行に預けるだけで普通預金でも10％以上の利息がつくかもしれません。

しかしそれでも、契約で決められた固定金利の年利3％という条件は変わりません。1000万円の住宅ローンの実質負担は10分の1以下になり、借金はたちまち返済できてしまいます。

インフレというのは、国家にとってこれと同じ効果があります。

しかしこれは、国債の（最終的な）保有者である国民にとってはとんでもない事態です。物価が10倍になれば、1000万円の貯金の実質価値は10分の1になってしまいます。銀行が破綻すれば、1000万円超の預金はペイオフで一部しか返ってきません。保険会社の破綻では、保険金の減額や保険料の大幅な値上げが社会問題になりました。

いったんインフレが起こると、円安を引き起こします。これは因果関係を逆にして、円安が輸入品の価格を押し上げて国内物価をインフレにする、といっても同じことです［コラム③］。このようにして財政が破綻すると、金利の上昇↓円安↓物価の上昇という負のスパイラルがはじまって、加速度的にインフレ率が上昇し、最後はハイパーインフレと呼ぶような物価の暴騰に至るのです。

インフレの最大の被害者は年金だけで生活しているひとたちで、急速な物価の上昇で家賃を払えずにホームレスになる高齢者が激増するでしょう。

ハイパーインフレとは、国民を犠牲にして国家が借金を清算することなのです。

コラム ❶

国債価格が下がると金利が上がる

本文では数式を使わず初心者でも気軽に読めるよう書いていますが、それでも金融市場や金融商品の仕組みを正しく理解するにはファイナンス理論の知識がどうしても必要です。とりわけ国債価格と金利の関係、金利とインフレ率と為替レートの関係を把握しておくことは、日々の経済ニュースを読むうえでもきわめて重要です（すでに知っているという方は読み飛ばしてください）。

最初は「国債価格が下がると金利が上がる（国債価格が上がると金利が下がる）」という関係です。

＊

国債というのは国家が発行する借金の証書で、債券の一種です。この債券（借金証書）を会社が発行すると社債、地方自治体が発行すると地方債になり、アメリカ政府が発行するのが米国債、日本国が発行するのが日本国債です。

債券は借金の証書ですから、そこにはお金の貸し手に対する返済条件が記載されています。その条件は、①元本、②返済期日、③金利の３つです。あるひとから10万円を借りて、１年後に10％の金利をつけて返済する約束をしたとすると、そのことを記載した証書をつくって相手に渡しておくのです。

この債券（証書）を1年後に持っていくと、金利を加えた11万円が支払われます。ここまではなんの問題もありません。

ところでこの債券の所有者が、なんらかの理由で急にお金が必要になり、この債券を売却したいと考えたとします。このとき、いったいいくらの値段をつければいいのでしょうか。これが、ここでの問題です。

10万円を貸して、1年後に11万円を受け取るのですから、直感的には中途で売却するときの値段は10万円から11万円のあいだになりそうです。しかし理論的には、この債券の価格は10万円を下回ることもあり得ます。

なぜこんな不思議なことが起きるのかというと、債券の価格が金利によって変動するからですが、その秘密を知るためにはまずは「現在価値」について説明しなければなりません。

■将来価値と現在価値

将来価値と現在価値の定義は、ものすごく簡単です。

10万円を金利10％で貸せば、1年後には11万円になります。現在の10万円の1年後の将来価値は11万円で、これは誰でもわかります。

それでは、金利10％で1年後に11万円になる同じ債券のいまこの瞬間（現在）の価値はいくらになるでしょうか。いうまでもなく、この債券の現在価値は10万円です。

このように、現在価値と将来価値は金利によってつながっています。しかし私たちは、現在のお金（元本）を金利によって将来に向かって引き延ばしていく（将来価値を計算する）ことは得意ですが、将来のお金を金利によって現在に引き戻す（現在価値を計算する）ことがとても苦手です。これはヒトが、直感的に、時間が現在から未来に向かって流れていくと思っており、時計の針を逆転させて未来を現在に戻すことに生理的な抵抗を覚えるためです。

しかしこの無意識のハードルを取り去ってしまえば、定期的に利払いのある債券の現在価値の計算は、簡単な足し算と割り算だけでできてしまいます（Excelなどの表計算ソフトならクリックひとつで可能です）。

私たちは誰でも、目の前にある10万円と、1年後に受け取れるはずの10万円では価値がちがうことを知っています。だからこそ、10万円を貸して1年後に10万円を返してもらう、というような取引は、家族間や友だち同士でもなければふつうはしません。これは人類の普遍的な文化で、「目には目を」で知られるハムラビ法典にも借金と金利についての記述があります。

いま手元にある10万円は、恋人と食事をしたり、ショッピングに行ったり、なんでも好きに使うことができます。しかしこれを他人に貸してしまうと、自分が使うまでに1年待たなければなりません。そのうえ貸した相手が詐欺師であればお金は戻ってきませんし、善良なひとでも交通事故で死んでしまうかもしれません。いったん自分の手から離れたお金には、自分のところに戻ってこないかもしれないリスクがあるのです。

金利とは、待たなくてはいけない時間のコストと、損するかもしれないリスクを金銭に置き換えたものです。10万円の借金に対する10％の金利とは、このコストとリスクの金額が1年間で1万円であることを表わしています。

このように考えると、1年後の10万円は、そのコストやリスクの分だけ割り引かなければならない（安く見積もらなければいけない）ことがわかります。この割り引かれた金額が、将来のお金の「現在価値」です。

先に述べたように、金融市場ではコストやリスクは金利（利率）として表わされます。当然、将来のお金を現在価値に割り引く際にも、一定の金利（割引率）が使われることになります。

現在の10万円が金利10％で1年後にいくらになるかは、元本に1・1を掛けることで求められます。1・1は、「10％＝0・1」の金利に「1」を加えた値です。

将来価値＝現在価値×（1＋金利）

1年後の11万円が金利10％で現在いくらになるかは、これとは逆に、金利に1を加えた1・1で割ることで求められます。

現在価値＝将来価値÷（1＋金利）

小学校高学年のレベルの四則演算だけで、ファイナンス理論の基本である将来価値と現在価値が計算できてしまいました。

■金利と現在価値の関係

1年後に10万円になるはずのお金を、金利10％で現在価値に割り引けばいくらになるでしょうか？　これは電卓があればすぐに計算できますが、9万909円（10万円÷1・1）です。当然、現在価値と将来価値の定義から、9万909円を金利10％で1年間預けると10万円（9万909円×1・1）になります。いずれの場合も計算上は端数が出ますが、1円以下は切り上げもしくは切り捨てて計算します。

それでは次に、金利を変えて将来価値と現在価値を計算してみましょう。

金利1％のとき、10万円を1年間預けると10万1000円（10万円×1・01）になります。これに対して金利20％なら12万円（10万円×1・2）です。

この単純な計算から、将来価値についてのきわめて重要な定理が導き出せます。

①金利が低ければ、将来価値は小さくなる

②金利が高ければ、将来価値は大きくなる

なにを当たり前のことを、と思われるかもしれませんが、将来価値と現在価値が金利を通してつながっている以上、これと同じことが現在価値にもいえるはずです。

それでは、1年後の10万円を金利1％で割り引いてみましょう。このときの現在価値は9万9010円（10万円÷1・01）になります。

次に1年後の10万円を金利20％で割り引くと、現在価値は8万3333円（10万円÷1・2）です。

このことから、金利と現在価値には次のような関係があることがわかります。

①金利が低ければ、現在価値は大きくなる
②金利が高ければ、現在価値は小さくなる

このことを直感的に理解するために、1年後に10万円になるように定期預金を組もうとすればいくら必要かを考えてみましょう。金利が低ければ最初の預金額（現在価値）は大きくなり、金利が高ければ少ない預金額ですむことに気づくはずです（将来価値と現在価値の差額が、受け取ることになる利息になります）。

将来価値・現在価値と金利との関係は、次頁の図表Aのように図示することで「見

図表A　将来価値（上段）と現在価値（下段）を見える化する

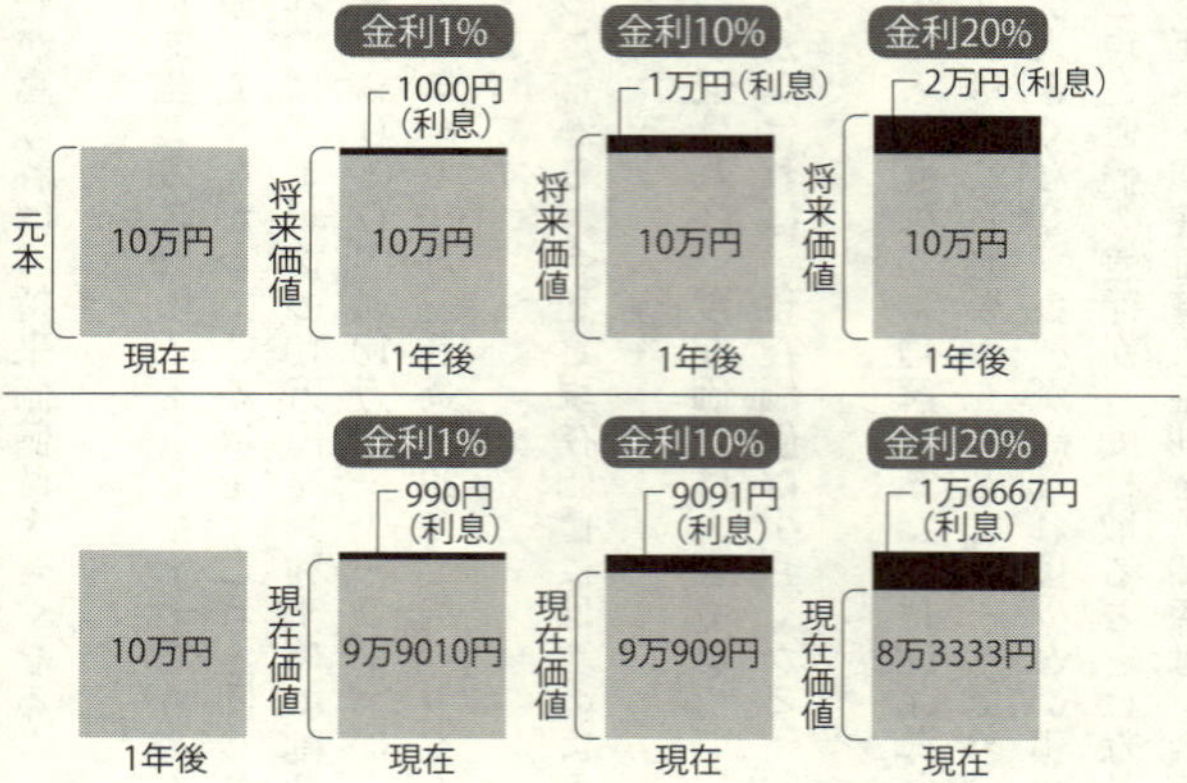

える化」できます。

金利が低いと現在価値が大きくなり、金利が高いと現在価値が小さくなることがはっきりわかるでしょう。

■債券価格が下がれば金利は上がる

国債というのは、一般には定期的に利払いのある債券のことをいいます（割引債のように、割引価格で購入する利払いのないものもあります）。日本国債の売買単位は1本（1単位）1億円ですが、最近では個人向け国債のように1万円から購入できるものも出てきました。

国債や地方債、社債などの債券は半年にいちど利払いがあるのが

図表B　毎年1万円ずつ配当が支払われ、10年後に10万円の元金が払い戻される債券

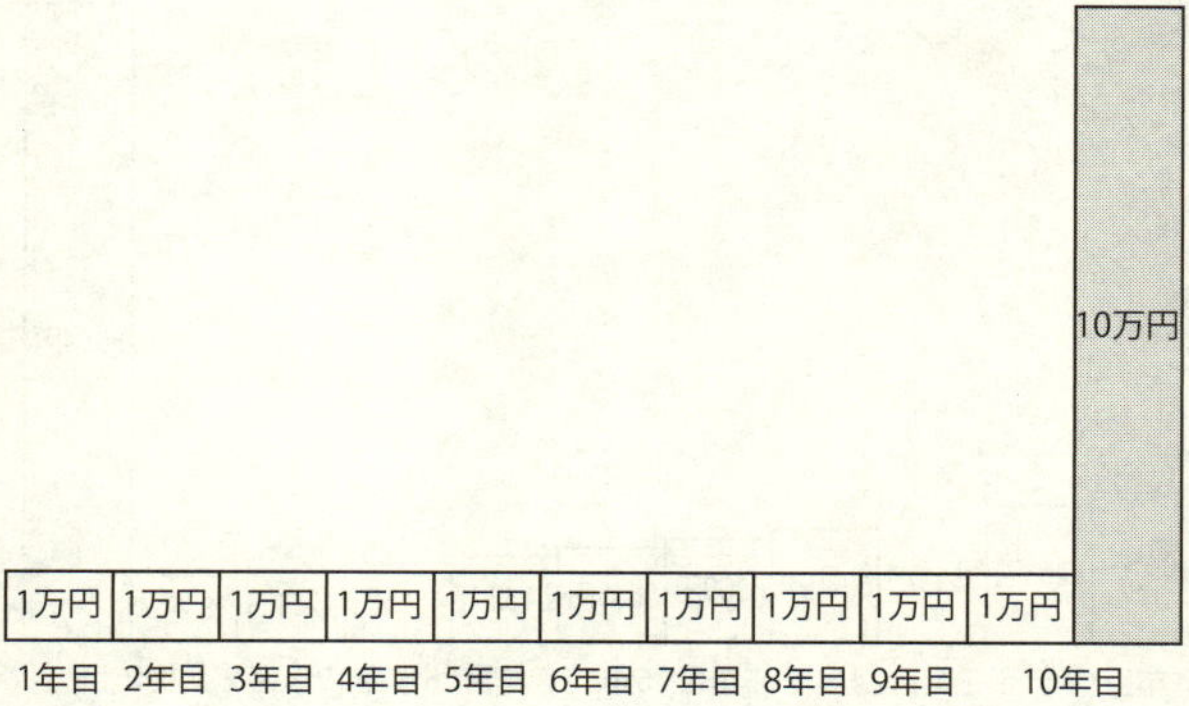

ふつうですが、ここでは簡略化のために、毎年1万円ずつ配当が支払われ、10年後に10万円の元金が払い戻されるシンプルな債券を考えてみましょう。この債券をいま購入するとしたら、あなたはいくら支払うでしょうか？　これがここでの問題です。

この債券のペイオフ（支払額）を示すと図表Bになり、10年間の総支払額（投資家にとっては受取額の合計）は20万円です。

ところで先に説明したように、10年間で20万円受け取れるからといって、この債券に20万円支払うひとはいません。将来の受取り分は、現在価値に割り引かなければならないからです。

図表C　図表Bの債券を金利10%で現在価値に換算する

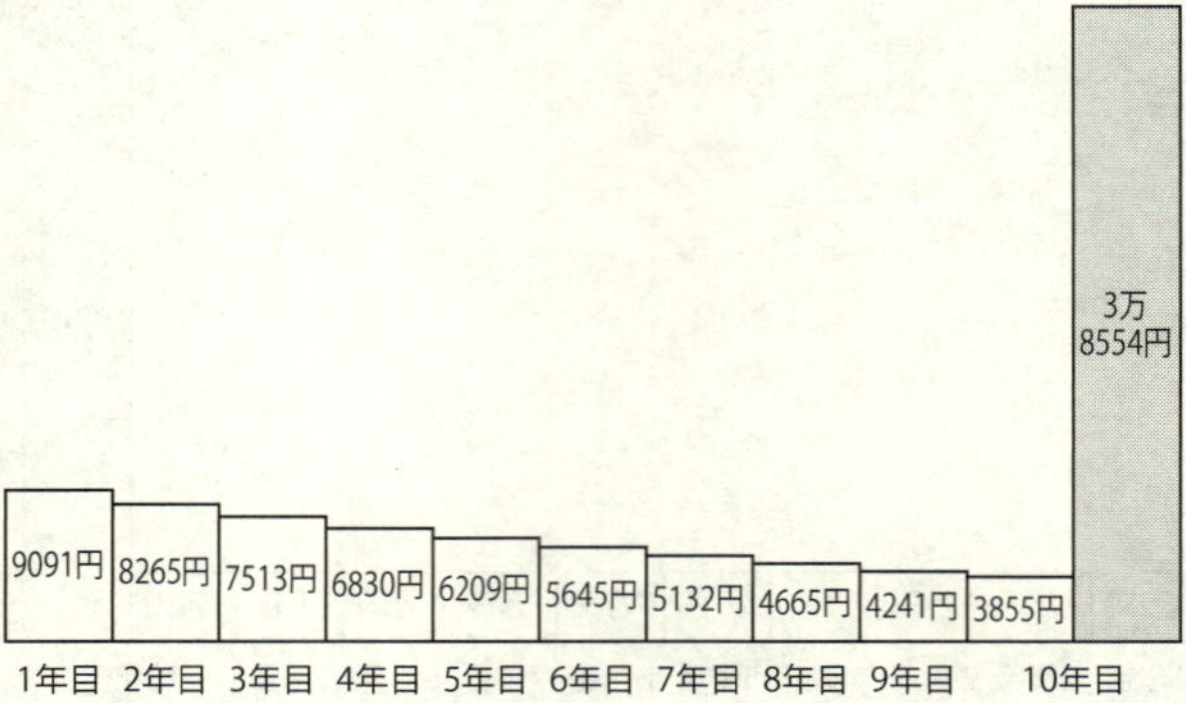

　そこで割引率（金利）を10%として各期の現在価値を計算してみると、図表Cのようになります。

　この現在価値をすべて足し合わせると、その合計が10万円になることがわかるでしょう。すなわちこの債券は、額面が10万円で、毎年10%の配当が支払われ、10年後に元金が償還されるのです。

　ところでこのとき、なにかの理由で金利が20%に上がったとしましょう。すると現在価値の定義から、債券の価格が安くなることが予想できます。実際に計算してみると、債券価格は５万８０７５円に下がります。

　このことは、次のように説明することもできます。

金利20%なら、手元にある10万円を定期預金に預ければ1年後に2万円の利息が受け取れます。それに対して国債を買うと1万円の配当しか支払われないのですから、これでは大損です。そのため売り手は販売価格を割り引いて、実質金利を20%の定期預金と同じにすることで取引を成立させようとするのです。

これとは逆に金利が1%に下がったとすると、同じく現在価値の定義から、債券の価格が高くなることが予想できます。実際に計算してみると、債券価格は18万524 2円に上がります。

金利1%だと、手元にある10万円を定期預金に預けても1年後に1000円の利息しか受け取れません。それに対して国債を買うと1万円の配当が支払われるのですから、これは法外に有利な取引です。そのため、この国債を買いたいひとが殺到して価格が上がり、実質金利が1%の定期預金と同じになったところで取引が成立するのです。

このように最後は元本10万円が償還される債券も、その途中では金利によって売買価格(現在価値)が元本を上回ったり下回ったりします。これは一見、不思議なことのように思われますが、金利と現在価値の関係を考えれば当然のことで、そうでなければ売り手や買い手が現われずに取引は成立しません。

ここまでの話をまとめると、次のような定義が導けます。

【定義1-1】
●金利が上がれば国債価格は下がる
●金利が下がれば国債価格は上がる

取引が頻繁に行なわれる流動性の高い市場（米国債や日本国債の取引はそのような効率的市場で行なわれます）ではこの定義は瞬時に実現しますから、金利と債券価格は表裏一体となります。

したがってこの定義は、因果関係を逆にして次のように書くこともできます。

【定義1-2】
●国債価格が下がれば金利は上がる
●国債価格が上がれば金利は下がる

国債価格が下がれば金利は上がりますが、これは金利が上がったことで国債価格が下落したのと同じことです。国債価格が下落したのに金利が低いままだったり、金利が上昇したのに国債価格が高止まりしていたりすることはあり得ません。

国債価格とは金利のことであり、金利とは国債価格のことです。この関係は国債市場では絶対で、例外はありません。

将来、日本国債の価格が下落するようなことがあれば、神の予言と同じ正確さで、市場の金利は上昇するのです。

コラム❷

インフレになると通貨は下落する

海外をあちこち旅行すると、ドル、ユーロ、ポンド、人民元、ルピー、ペソ、ルーブルと頭がこんがらがるくらいいろいろな通貨があって、空港に着くたびに通貨を両替しなければなりません。これは、それぞれの国（主権国家）が勝手に貨幣を発行していいことになっているからです。

私たちはこれを当たり前のことと思っていますが、よく考えてみればずいぶんおかしな話です。市場はグローバルにつながっていて、iPhoneは秋葉原で買っても、ニューヨークやパリやインドや中国で買ってもまったく同じ価値を持っているはずです（中古やニセモノでなければ）。だとしたら、本来は世界にひとつの共通通貨があるだけでいいことになります。

しかし、現実に異なる通貨が存在する以上、それを売り手と買い手が納得する比率で交換しなければなりません。この交換比率（為替レート）を決めるのが為替市場の役割です。

■デフレなら通貨は上昇する

為替レートはどのように決まるのでしょうか？

ここでは簡略化のため、金（ゴールド）のコインしか取引されていない市場を考えてみましょう（図表D）。

アメリカではいま、1ドルでこのコインが売られています。為替レートが1ドル＝100円とすれば、日本での値段は100円です。

ここで、日本で突然デフレ（モノの値段が下がること）が起きて、コインの値段が50円になったとしましょう。すると、どのようなことが起こるでしょうか。

アメリカの商人は、これまで日本にやってきて1ドル（＝100円）でコイン1枚を買っていました。その値段が50円に値下がりしたのですから、為替レートが変わらなければ2枚のコインが買えることになります。なんの努力もしないのに、日本がデフレになっただけで、いきなり2倍も儲かるようになってしまったのです。

しかしこれは、日本の商人にとっては災厄以外のなにものでもありません。これまで1ドルで1枚のコインを渡せばよかったのが、いきなり2枚寄こせといわれるようになったからです。当然、日本の商人はこんな不利な取引は断固断わるでしょう。

図表Ｄ　通貨の価値はインフレ率によって変わる

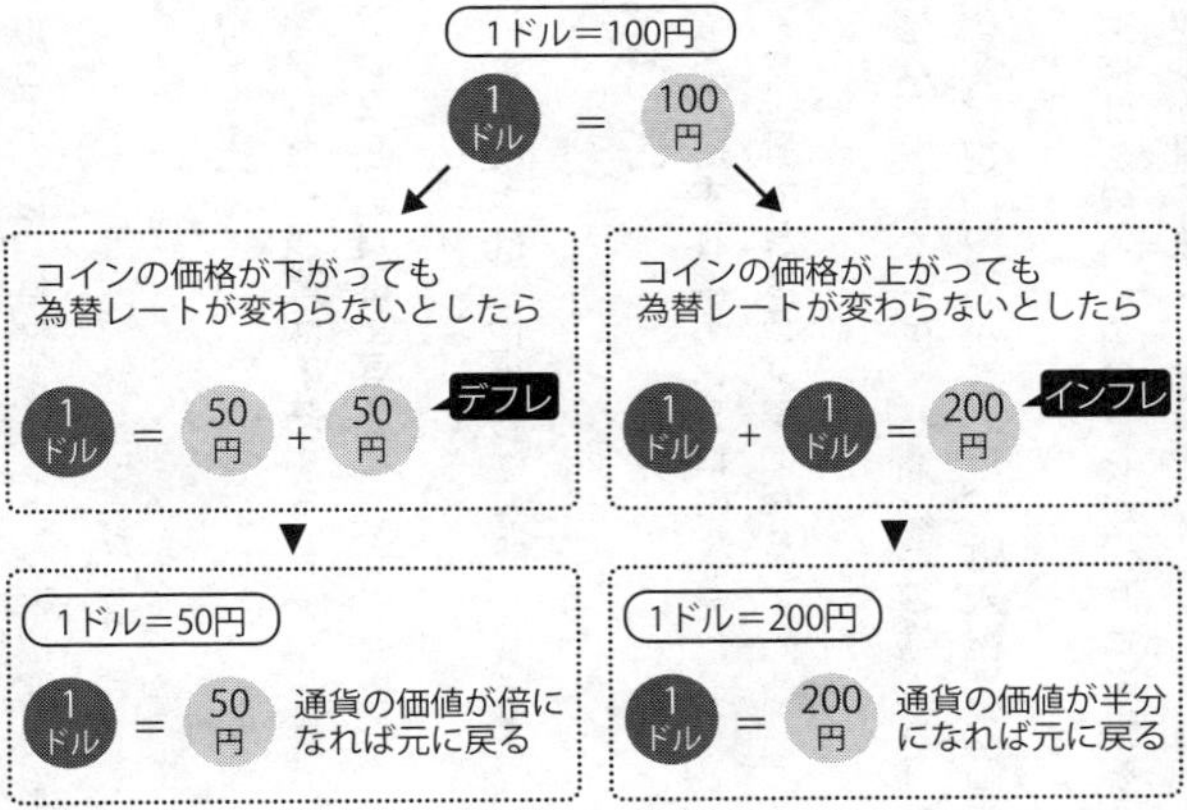

幸いなことに、この争いを解決する簡単な方法があります。為替レートを1ドル＝50円の円高（ドル安）に変えればいいのです。これでこれまでどおり、1ドルが金のコイン1枚になって損も得もなくなります。

日本がインフレ（モノの値段が上がること）になって、コインの値段が２００円になったとしても同じことです。この場合は、為替レートが変わらなければ、アメリカの商人は２ドル出さなくては日本でコインを買えません。しかし為替レートが1ドル＝２００円の円安（ドル高）になれば、これまでとなにも変わらず商売がつづけられるのです。

このことから、為替とインフレ率に関する次のようなシンプルな定義が導き出せます。

【定義2-1】

●インフレなら通貨は下落する

●デフレなら通貨は上昇する

この定義はやはり逆にしても成立します。

【定義2-2】

●通貨が下落すればインフレになる

●通貨が上昇すればデフレになる

大幅な円安になれば、石油などの輸入製品の価格が上がりますから、国内物価も上昇します。逆に円高が進めば、輸入製品の価格が下がって国内物価は下落するでしょう。

現実にはこのふたつの定義が相互に影響を及ぼしあって、スパイラル状にインフレやデフレが進みます。

日本ではずっと長いデフレがつづいていて、それが円の為替レートを押し上げてきました。こうして円高になると、国内物価が下落してよりデフレが進行し、円高圧力が増すことになります。

それとは逆に、インフレになると円の為替レートは押し下げられ、円安により国内物価が上昇してインフレが進行し、さらなる円安になっていきます。

こうした相互依存性（スパイラル性）があるために、いったんデフレに落ち込むとそこから抜け出すのが難しくなります（インフレも同じです）。デフレと円高に苦しんだ日本経済は、まさにその典型です。

かつては為替レートは国力を反映するものとされ、高度成長期に円高ドル安がつづいたのは、日本経済が強大になり、アメリカ経済が没落しつつあるからだと説明されました。バブルが崩壊すると、日本が不況に苦しんでいるのに円高になるのはおかしい（アメリカの陰謀にちがいない）との説が一世を風靡《ふうび》したこともありました。

しかしここで述べたように、為替レートはインフレ率によって変動するだけで、理論上は、景気がいいとか悪いとかは関係ありません。好景気でもインフレなら通貨は下落し、不景気でもデフレなら通貨は上昇します。

ここで注意しなければならないのは、為替レートに影響を及ぼすのはあくまでも他国（この場合はアメリカ）のインフレ率との相対的な差だということです。

世界金融危機までは、日本の物価がまったく上昇しない一方で、アメリカは3％程度のインフレがつづいていました。ところがリーマンショックの影響を受けて、2009年にはアメリカのインフレ率もマイナスに落ち込んでしまいます。このままアメリカがデフレになれば、日本とのインフレ率の差がなくなりますから、ドルと円の間で為替レートが変動する理由はなくなります。

実際にはFRBが大規模な量的金融緩和政策（QE1～QE3）を実施した後も、アメリカのインフレ率は2％程度を保っていました。その結果、日本はアメリカに対して相対的にインフレ率が低くなり、世界金融危機後の急速な円高で調整されることになったのです。

■「失われた20年」の理由

日本の「失われた20年」がデフレ不況だったため、安倍政権は「デフレからの脱却」を掲げ、日銀にさらなる金融緩和を求めて物価を上げようとしました。その一方で、財政破綻（国家破産）を警告するひとたちは、このままではハイパーインフレによって国民生活が大打撃を受けるといいます。

いったい、インフレにすることはほんとうにいいことなのでしょうか？

経済成長のためには、賃金の上昇とともに市場が拡大していくことが必須です。企業が賃金を上げようと考える条件は、インフレによって名目の売り上げが増えていくことです。すなわちインフレでは、実質利益（インフレ率を差し引いた後の利益）が増えなくても賃金が上昇し、それが消費や投資に使われることで市場が活気づき、経済成長が実現するのです。

もちろんいついかなる場合でも、インフレになれば景気がよくなるわけではありません。インフレ率を下回る賃金の上昇しかないと国民生活は貧しくなって、きびしい不況に苦しむことになります（こういうこともよくあります）。経済成長をともなう「よいインフレ」と、経済成長をともなわない「悪いインフレ」があるわけです。

それに対してデフレでは名目の売り上げが減っていくのですから、企業が賃金を上げる理由がないばかりか、逆にリストラなどで人件費を削って利益を確保しようとします。それによって収入が減ると、ひとびとは消費を減らして家計を防衛しようとし、その結果市場が縮小して企業がさらに人件費をカットする悪循環にはまることになります。すなわち、デフレには経済成長のメカニズムが組み込まれていないのです。経済学的には「よいデフレ」というものはなく、「景気回復にはとにかくインフレにすることが必要だ」という話になるわけです（安定的に低いインフレ率は経済成長に有益だ、という意見はあります）。

ところで近年の実証研究では、日本経済が低迷しているのは、バブル崩壊後の不良債権処理が遅れ1997〜98年の金融危機を招いたことと、政府債務の急速な膨張で民間部門が萎縮したからだ、という説が有力になっています。将来の増税や緊縮財政が避けられないならば、誰も思い切った投資や消費をしようとは思わないからです。

しかし、少子高齢化にともなう社会保障費などの自然増を考えれば、財政赤字を大きく減らすのは不可能です。「公的債務が累増すると成長率が低下する」というのはデータでも確認できますが、この事実を認めることは「もはや政府にできることはなにもない」というのと同じですから、「責任ある政治家」にはとうてい受け入れられません。これが、「諸悪の根源はデフレだ」として、「デフレからの脱却」を目指すストーリーが好まれる隠された理由です。

ここで問題なのは、日銀のさらなる金融緩和の効果が不明なことと、仮にインフレになってもそれが経済成長に結びつく保証がないことです。このあたりの見解のちがいで、アベノミクスへの評価は大きく分かれることになります。

もうひとつ重要なのは、国債価格と金利の関係とは異なって、インフレ率と為替レートの関係は常に（即座に）実現するわけではない、ということです。

同じ商品でも国ごとに価格がちがうのなら、安い国から仕入れた商品を高い国で売ることでいくらでも儲けられます。こうした法外な収益機会には当然、多くの業者が殺到しますから、彼らの経済行為によって為替レートが調整され、いずれは損も得もなくなるはずです。変動相場制とは、要するに、国家の身勝手な都合によってばらばらの単位で表記されているモノの値段（実質価値）を同じに保つための仕組みですから、物価の変動が為替レートで調整されるのは当たり前のことです。

この考え方を「購買力平価説」といい、5～10年の長期で見れば為替レートはたしかにすべての国の購買力を等しくするように動いており、この仮説の正しさを証明しています。ただし数年単位では、インフレでも通貨が上昇したり、デフレでも通貨が下落したりすることが起こります。典型的なのは2005〜2006年の小泉政権時代の景気回復で、このときはデフレにもかかわらず円相場は120円台まで下落して、それが製造業の利益を大きく押し上げました。

これは明らかに**【定義2-1】**に反しますが、短期的にはこのような〝超常現象〟が起こります。それは次の［コラム③］で説明するように、為替レートが金利差によって変動するからです。

コラム❸

金利が高くなると通貨は下落する

円高になれば輸入品の価格が下がって消費者物価は下落する（デフレになる）というのは直感的にわかりやすいのですが、因果関係を逆にして、「デフレなら円高になる」という購買力平価説はどこか胡散臭《うさんくさ》く感じられます。ファイナンス理論の難しさは数学的な難解さではなく、ロジックで考えれば当たり前でも、その結論が直感に反することがしばしばあることです。

その典型が、金利と為替レートの関係です。これも四則演算だけで説明可能な、きわめてシンプルな理屈なのですが、金融のプロを自称するひとたちのなかにも間違って理解しているひとがたくさんいます。

金融市場が効率的であれば、金利が高くなると通貨は下落します。なにかの間違いではないかと思ったかもしれませんが、以下、その理由を説明します。

■金利の低い通貨は上昇する

為替レートが1ドル＝100円で、アメリカの金利が5％、日本が0％としましょう。このとき100円の貯金を米ドル（1ドル）に両替すると、5％の利息がもらえます。でもこの話、どこかおかしくないでしょうか。

日本人が100円の貯金を1ドルに両替するためには、どこかに1ドルの貯金を100円に両替するアメリカ人がいなければなりません。無から有が生まれてくるわけはないように、為替の両替には常に反対取引をする相手がいます。

ここで、アメリカ人の立場になって考えてみましょう。これまで彼は、お金を銀行に預けておけば5％の利息がもらえました。ところがその1ドルを日本円（100円）に両替したとたん、利息はなくなってしまいます。これではどう考えたって大損です。ではなぜ、そんなことをするのでしょう（図表E）。

図表Ｅ　アメリカ人が高金利のドルを低金利の円に両替するのはなぜ？

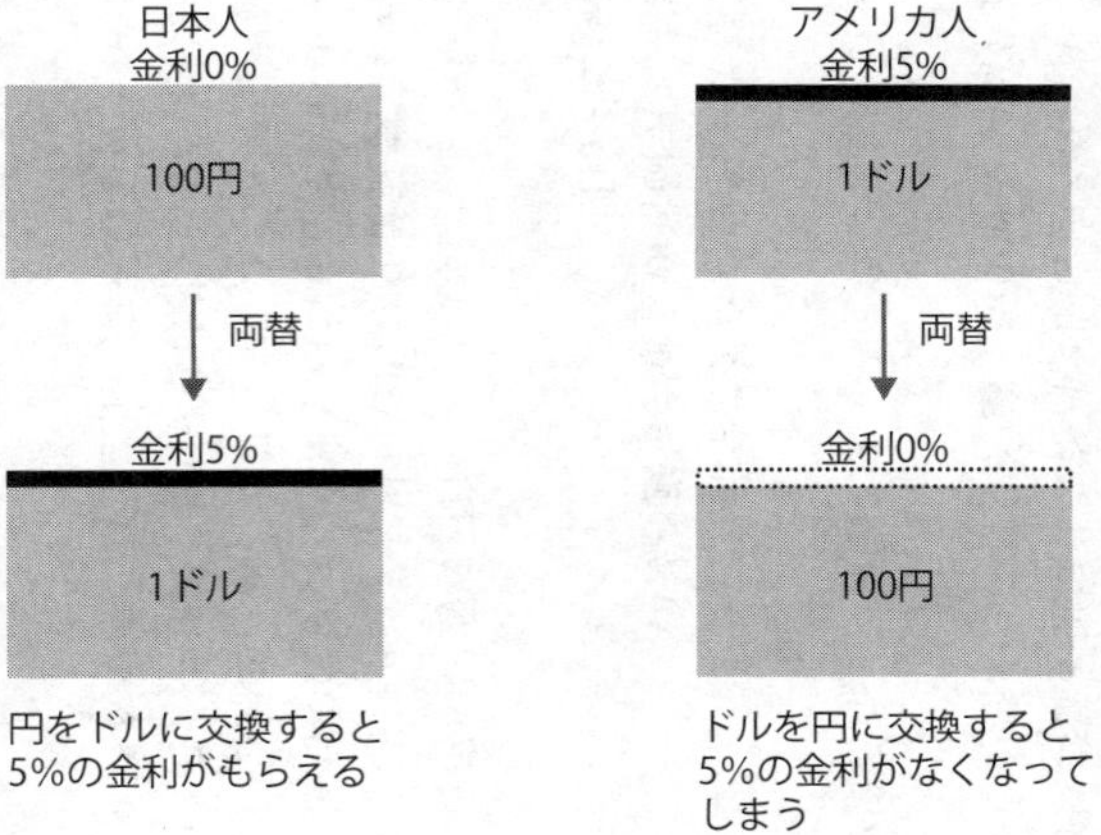

彼がお人よしか間抜けでないとすると、考えられる可能性はひとつしかありません。為替レートが５％分だけ円高（ドル安）になると予想したのです。

このことは、アメリカ人にとっては円高（ドル安）で為替差益が得られることに気がつけばすぐに理解できます。金利差で５％損をしても、５％の円高になって為替差益でその損が埋め合わせられるなら、やはり損も得もありません。

ここから、為替と金利に関する次のような定義が導けます。

【定義３‐１】

●金利の高い通貨は下落する

●金利の低い通貨は上昇する

ほとんどのひとは、金利の高い通貨はみんなが喜んで買いたがるから為替は上昇する(金利の低い通貨は誰も買いたがらないから為替は下落する)と考えています。これは間違いというわけではなくて、短期的には、中央銀行が金利を上げると為替は上昇することが知られています。しかし長期的には金利と為替は逆に動くはずだし、そうでなければおかしいのです。

そこで、これまでのように因果関係を逆にしてみましょう。

【定義3-2】
●通貨が下落すると金利が高くなる
●通貨が上昇すると金利が低くなる

こちらのほうは、インフレ率をあいだに挟むことで直感的にも理解が可能になります。

通貨が下落すると、輸入品価格が上がることで物価が上がります。インフレになると、それを上回る金利でなければ誰も銀行にお金を預けようとはしないので、銀行は金利を引き上げます。すなわち、通貨が下落すると金利は上がります。

一方、通貨が上昇すると、輸入品の価格が下がることで物価が下がります。デフレになると、それほど高い金利を提示しなくてもいくらでも預金が集まるので、銀行は金利を引き下げます。すなわち、通貨が上昇すると金利は下がります。

この説明が納得できたなら、因果関係を逆にした「金利の高い通貨は下落する（金利の低い通貨は上昇する）」という〝非常識〟な定義も正しいことがわかるはずです。

このように、通貨ごとの金利差があっても為替レートの変動で最終的には損も得もなくなることを「金利平衡説」といいます。金融市場では通常、インフレ率と金利は同じように動くので、購買力平価説と金利平衡説は両立可能です。効率的な市場では、（長期においては）異なる通貨の購買力や金利を同じにするように為替レートが変動しているのです。

■為替市場の超常現象

では次に、為替市場における超常現象について説明しましょう。

【定義2-1】は「デフレなら通貨は上昇する」で、【定義3-1】は「金利の低い通貨は上昇する」でした。このことから、デフレで低金利の日本では円が上昇するのが当たり前で、そうでなければ経済理論に反したことが起きていることになります。

先にも述べたように、この〝超常現象〟が現実になったのが2005〜2006年です。

図表F　2005～2006年の各国の政策金利と円に対する為替上昇率

	日本円	米ドル	ユーロ	ポンド	豪ドル	ニュージーランドドル
政策金利（2005年末）	0.10%	4.25%	2.25%	4.50%	5.50%	7.25%
政策金利（2006年末）	0.40%	5.25%	3.25%	5.00%	6.25%	7.25%
2005～2006年の為替上昇	—	14.29%	14.06%	18.60%	17.76%	14.17%

図表Fはこの2年間の主要通貨の政策金利と為替レートをまとめたものですが、これを見ればなにが起きたかは一目瞭然《いちもくりょうぜん》です。

日本の政策金利がゼロ%台に張りついているのに対して、アメリカ、オーストラリア、ニュージーランドでは不動産市場が過熱し、高金利が維持されました。その結果、米ドルで最大4・85%、豪ドルで5・85%、ニュージーランドドルに至っては6・85%もの金利差が生じています。

これまで述べたように、理論どおりなら、これらの通貨は円に対して金利差の分だけ安く（円高に）ならなければなりません。ところが現実は、すべての通貨が円に対して14～18%も増価した（円安になった）のです。この結果、高金利通貨を買い持ちした投資家は金利差と為替差益のダブルで儲かり、為替の上昇を見込んで低金利通貨（円）を買った投資家は金利差で損をし、そのうえ為替差損まで被ることになりました。

為替市場がじゅうぶんに効率的なら、為替取引からは損も得も生じないはずです。しかし現実には、一方的に得をする投資家と、往復ビンタのように損をする投資家が生まれました。

このような不思議なことが起きるのは、為替市場の仕組みを理解せず、「金利の高い通貨は得だ」と信じている膨大な数の非合理的な投資家がいるからです。このような投資家（典型的なのはFXにはまった主婦）は、金利差のみに注目して、低金利の円を売って高金利の外貨を買いますから**【定義3-1】**に反して円安が進行します。いちど円安の流れが起きると、為替市場にいる合理的な投資家がその流れをさらに加速させます。プロである彼らは、経済理論的には高金利の通貨が下落し、低金利の円が上昇することを知っていますが、その一方で、非合理的な投資家の行動によって理論とは逆のことが起きている現実を目の当たりにしています。

プロの投資家の目的は収益の最大化なのですから、彼らが合理的であれば経済理論などかなぐり捨てて、非合理な投資家に先んじて高金利通貨を買おうとするでしょう。それによって外貨資産がさらに魅力的になればより多くの非合理的な投資家を呼び寄せ、円安がさらに進んで利益が増えていくのです。

その結果、2005年1月に1ドル＝103円だった為替レートは、世界金融危機直前の2007年6月には123円まで下落してしまいました。その後、リーマンショックを経て大震災直後の2011年3月17日には1ドル＝76円25銭の戦後最高値を記録し、世間ではこれを「超円高」と呼びましたが、2005年初頭の1ドル＝100円を基準値とし、米ドルと日本円の平均的な金利差を3％とすれば、2010年に1ドル＝80円になるのは理論どおりです（日本とアメリカのインフレ率の差から試算しても同じ結果になります）。そう考えれば、2005年からはじまった「低金利の円安」という超常現象（円安バブル）が、米国のサブプライムバブル崩壊をきっかけに、損も得もない正しい世界に戻ったのだということがよくわかります（これについては「コラム⑥」も参照）。

このように為替市場では、非合理的な投資家の存在によって、短期的には高金利の通貨が上昇し、低金利の通貨が下落しますが、長期的には市場の歪《ゆが》みを正すちからによって、購買力と実質金利を等しくするように、高金利の通貨は下落し低金利の通貨は上昇するのです。

註：為替市場に参加する投資家は多様で、貿易収支や経常収支も為替相場を短期的に変動させる要因になりますから、これはあくまでも簡略化したモデルです。長期において購買力平価説や金利平衡説が成立することは、多くの実証研究で確認されています。

第2部

破

第3章

普通預金は最強の金融商品

アベノミクスで起きることは、
3つのシナリオ以外にはない。
それが楽観的、悲観的、
あるいは破滅的であっても
「第1ステージ」までは、
普通預金こそ最強の金融商品だ。
経済には強い継続性（粘性）があり、
ある朝目覚めたら
日本円が紙くずになっていた、
などということは
絶対に起こらない。

この章では、将来起こり得る経済的な損失を可能なかぎり回避するとしたら、一定の条件はあるものの、普通預金こそが最強の金融商品だということを説明します。

まず、3つの将来シナリオを想定します。

ひとつめは、「アベノミクスで日本経済が大復活する」という「楽観シナリオ」です。

ふたつめは、「デフレに金融政策はなんの効果もない」という「悲観シナリオ」で、いままでと同じデフレ不況がこれからもつづくことになります。

最後は、「アベノミクスは財政破綻を引き起こす」という暗い予想で、これを「破滅シナリオ」としましょう。

楽観シナリオ　アベノミクスで日本経済は大復活する
悲観シナリオ　現在と同じデフレ不況がこれからもつづく
破滅シナリオ　財政が破綻して経済的な大混乱が起こる

アベノミクスが日本経済にどのような影響を与えるとしても、原理的にはこれ以外のシナリオはありません。だとすれば、この3つのシナリオに共通する最適な投資戦略があれば、どんな（経済的な）未来がやってきても大切な資産を守ることができるはずです。

デフレ不況における最適な資産運用

最初に、現状維持の「悲観シナリオ」を検討します。

多くの経済の専門家が口をそろえていい、私自身も何度も書いてきたことですが、デフレ不況における最適な資産運用は普通預金です。

インフレというのは物価が上昇することですから、同じ1万円でも使い手は減っていきます。「物価」とは市場に流通するすべての商品の平均的な価格のことで、物価の上昇や下落は生活コストの変動として表われます。

生活コストをフランス料理のフルコース（2人分）にたとえると、今年は1万円で彼女とデートができたのに、2％のインフレなら来年には1万200円が必要です。このようにインフレは消費税と同じ効果があるため、「インフレ税」とも呼ばれます（インフレ税は銀行預金などの資産にも課税できます）。

それに対して2％のデフレならデート費用は9800円に値下がりしますから、彼女との食事が終わっても手元に200円が残ります。この200円の「利益」に対してあなたはなんの努力もしていないわけですから、いわば2%の「デフレ補助金」をもらったのと同じことです。

このように、放っておいても貨幣の価値が上がっていく(モノの値段が下がっていく)デフレ経済では、私たちは貨幣を持っているだけで「補助金」を受け取ることができます。しかしその一方でデフレは不況を引き起こしますから、地価や株価は下落していきます。そう考えると、1000万円までの元本と利息が国によって保証されている銀行預金を使って無リスクで「補助金」を受け取ることが資産運用の最適戦略になるのです。

このことは、資産運用は名目金利ではなく実質金利で考えなくてはならないことを教えてくれます。実質金利は、名目金利からインフレ率を引いたものです。

実質金利=名目金利−インフレ率

いくら金利が高くても、それ以上にインフレ率が高ければ、「インフレ税」のほうが重くなり生活は貧しくなっていきます。ゼロ金利でもデフレなら、「補助金」の分だけ実質金利は高くなります。90年代末に日銀がゼロ金利政策をはじめたとき、高齢者は「利息ゼロでは生活できない」と騒ぎましたが、そのうちなにもいわなくなったのは、デフレの効果で生活が楽になっていくことに気づいたからです。

物価はプラスにもマイナスにも動きますが、名目金利はゼロ以下にはできません(銀行にお金を預けると手数料をとられるのなら、現金を自宅の金庫に入れておこうとするでしょう)。そのため、日銀がどれほど金融緩和しても、デフレが進行すればどんどん実質金利が高くなってしまいます。

これは事業者にとって高金利で借金をするのと同じことになるため、投資意欲は削がれ景気は悪化します。デフレでは名目の売り上げと利益が減少しますが、返済すべき借金の額は変わらないからです。これが日本経済のおかれた状況で、だからこそ「インフレにしなければ経済再生はない」というアベノミクスが登場したのです。

ところでデフレでは、長期的には為替レートは円高になりますから〔コラム②〕、同じ1万円でも海外旅行に行ったときの使い手が増えていきます。1ドル＝100円なら1万円を両替しても100ドル分の商品しか購入できませんが、1ドル＝90円になれば1万円が111ドルになりますから、同じ100ドルの商品を購入しても11ドルが手元に残ります。ここでも円高による「補助金」が発生しているのです(ただし、日本と海外のインフレ率が同じであれば)。

80年代のバブル崩壊で、4万円ちかかった日経平均株価は7000円割れまで5分の1以下に下落してしまいました（2008年10月）。地価も2005年にはバブル最盛期の4分の1まで下落し、4半世紀前の80年代はじめの水準まで戻ってからはほとんど上昇していません。こうした現実を冷静に振り返れば、「失われた20年」でもっとも成功した投資家が、一切のリスクを取らずに金融資産の全額を預金していた〝臆病者〟であったことは間違いありません。

平均的65歳の総資産

次に、アベノミクスで日本経済が大復活するという「楽観シナリオ」を検討します。このシナリオでは、日銀の大規模な金融緩和で2％程度のマイルドなインフレが実現し、円安で製造業が息を吹き返して株価が高騰し、景気がよくなって地価も上がります。短期金利は2％、長期金利は4～5％程度まで上昇するでしょうが、それによる国債費の膨張を税収増が大きく上回るため単年度の財政赤字は解消し、1000兆円の借金も徐々に減っていきます。

こうした夢のような未来では、どのような資産運用が最適なのでしょうか？　いうまでもなく、高度成長期のように日本株と国内不動産に投資すればいいのです。

図表1　平均的な65歳の日本人の資産ポートフォリオ

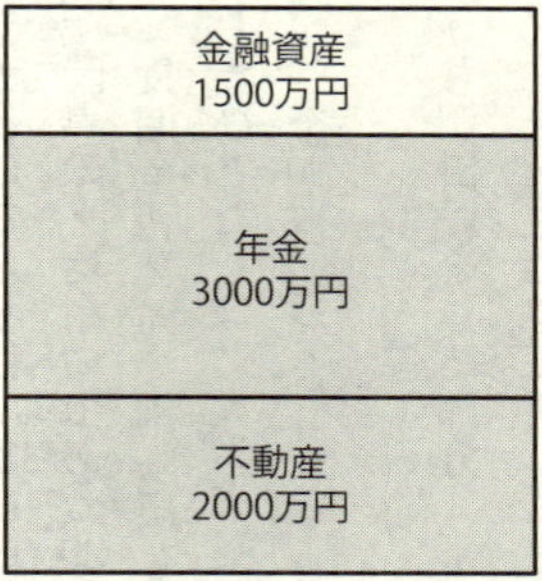

それに対して普通預金では、金利の上昇にともなって利息が増えたとしても、株式や不動産に投資したときと同じ利益は得られません。この差額を、リスクをとらなかったことによる「機会費用」といいます（儲ける機会を逸したのです）。

それにもかかわらず、「楽観シナリオ」でも普通預金による資産運用戦略は有効です。その理由は、平均的な日本人の資産ポートフォリオと比べて、株式投資をしない機会費用がきわめて小さいからです。

図表1は、会社を定年退職した平均的な65歳の日本人の資産ポートフォリオです。

全国消費実態調査や高齢者白書などのデータによれば、65歳以上の金融資産の平均は約２３００万円、不動産資産は約３０００万円となっていますが、これは多額の資産を有する一部の富裕層が平均値を押し上げているためで、普通のひとたちの資産（中央値）は金融資産で約1500万円、不動産資産で約2000万円です（高齢になるほど所得や資産のばらつきは大きくなるので、これはあくまで目安です）。

年金資産として計上した3000万円は、厚生年金の平均受給額である月額16万円を、65歳時点の平均余命である20年間受け取ったとして、その資産価値を計算したものです（長期金利2％で割り戻した各年の現在価値を合計しています）。高度成長期に入社したひとたちは、大学卒業から40年間真面目に働きつづければ、不動産資産、年金資産、金融資産を合計して6500万円程度の資産をつくることができたのです。

このうち網掛けをした部分（不動産＋年金）は固定資産で、すぐに現金化して投資にあてることはできません。なんにでも使える流動資産は、主に退職金を原資とした金融資産の1500万円だけということになります。

図表2は、平均的な40歳のサラリーマンの資産ポートフォリオです。資産状況は持ち家かどうかで大きく異なりますが、全国消費実態調査などによれば、40歳代で不動産を保有している場合、住宅ローンの負債を差し引いた純資産は2000万～250

図表2　40歳のサラリーマンの資産ポートフォリオ

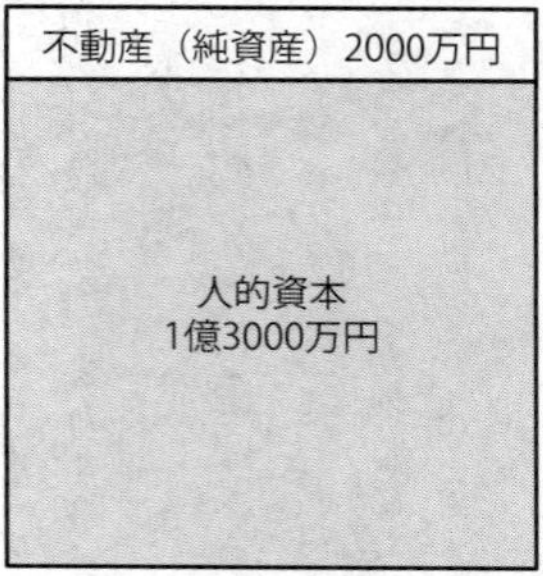

0万円で、金融資産はほとんどありません（金融資産を持っていたとしても、住宅ローンの負債を一括返済するとほとんど残りません）。

網掛けをした1億3000万円の人的資本（働いてお金を稼ぐちから）は、平均的なサラリーマン（大卒・総合職）の生涯年収を3億円とし、65歳までの給与（ボーナス）＋退職金を8％で現在価値に割り引いたものです。割引率が年金（2％）よりずっと高いのは、日本国が存続するかぎり確実に受け取れる年金に対し、人的資本はほとんどの場合会社に依存しているので、リストラされたり会社が倒産してしまえばたちまち失われてしまうからです（リスクが高い分だけ割引率も高くするわけです）。

これを見ると、サラリーマンにとって人的資本がきわめて大きいことがわかります。逆にいえば、この大きな人的資本を減らしながら、結婚し、子どもを育て、家庭を営んだ結果、退職時に（年金資産を含めて）６０００万円程度の資産が残るというのがこれまでの日本人の人生でした。

バブル崩壊後、とりわけ97年の金融危機を境に日本企業はリストラを本格化し、同時に年間の自殺者数が２万４０００人から３万３０００人へと40％ちかくも増えます。『自殺対策白書』などの統計によれば、その多くは45歳から64歳までの無職の男性です。なぜ彼らが死を選ばざるを得なくなったかは、会社から切り離されたことで失った人的資本の大きさを見ればよくわかります。中高年の転職が事実上不可能な日本では、サラリーマンが無職になることで毀損《きそん》する人的資本の価値は1億円を超え、その損失を取り戻すことは二度とできないのです。

株式投資しない機会費用

このように平均的な日本人の資産ポートフォリオを「見える化」してみると、とても単純な事実に気がつきます。それは、ポートフォリオ全体に占める流動資産（金融資産）の割合がとても小さい、ということです。

高齢者の最大の不安は、年金や医療・介護保険など社会保障制度の持続可能性でしょう。日本では高齢者の5割以上が年金収入だけで老後の生活を支えており、年金制度が破綻したり、受給額が大幅に減額されたりすると生きていけなくなってしまいます。少子高齢化と財政赤字の膨張でこの不安が現実のものになってきたからこそ、高齢者が貯蓄に励み、消費が減って不況がさらに深刻化する悪循環に陥ってしまったのです。

ところで「楽観シナリオ」では、景気回復による税収増で日本国の財政危機は解決するのですから、年金制度の破綻を心配する必要はなくなります。細かなことをいえば、インフレになっても物価上昇率の分だけ年金受給額が増えるわけではありませんが(マクロ経済スライド)、何歳まで生きても確実に年金がもらえるという安心感はなにものにも代えがたいでしょう。

そのうえ「楽観シナリオ」では、株価とともに地価も上昇するのですから、保有している不動産資産の価値も大きくなります。すなわちアベノミクスが成功すれば、高齢者の資産ポートフォリオの中核部分にある固定資産(不動産＋年金)に大きなプラス効果が働きます。

それに対して金融資産はどうでしょうか？

退職金などで1500万円の金融資産を持っていても、その全額を株式などのリスク資産に投ずるひとはごくわずかでしょう。リタイアというのは労働市場から（働いて）富を得る道が閉ざされることですから、大きな損失を被《こうむ》ると挽回の方途はありません。

そこで仮に、金融資産のうち500万円を株式市場に投資し、株価の上昇で年率10％の利益を得ることができたとしましょう（利益50万円）。一方、楽観シナリオでは金利も上昇するはずですから、この500万円を年利2％の普通預金に預けたとすると利息は10万円です。この差額の40万円が、アベノミクスを信じてリスクを取らなかったことの罰則（機会費用）ということになります。

「楽観シナリオ」が実現すれば、固定資産（不動産＋年金）から大きな利益が生じます。それに比べれば、株式投資から得られたはずの40万円など微々たるものです。そのうえ「楽観シナリオ」が崩れて株価が下落すれば株式投資は損をしますが、普通預金は日本国によって1000万円までの元本と利息が保証されている「無リスク」の金融商品なのです。

このように「楽観シナリオ」でも、金融資産を普通預金に預けたままにしておくのが保守的な投資家の最適戦略になります。リスクのある株式に投資すればそれなりの利益が得られるでしょうが、その機会費用は「保険料」と割り切るのです。

それでは、サラリーマンについてはどう考えればいいのでしょうか。

勤労世代の資産ポートフォリオの大半は人的資本（働いてお金を稼ぐちから）ですから、最大のリスクは不景気によるリストラや倒産で労働市場から退出させられることです。

アベノミクスの「楽観シナリオ」が実現すれば、景気がよくなって会社の業績も上がりますから、リストラや倒産の心配がなくなるばかりか給料やボーナスが増えて人的資本が拡大します。不幸にして会社が倒産しても、ライバル会社やほかの業界は好調なのですから、比較的容易に転職することができるでしょう。これなら人的資本を大きく毀損させずにすみます。

そもそも典型的なサラリーマンの人生ポートフォリオでは、マイホームを購入してしまえば、退職金が入ってくるまでまとまった金額の金融資産を持つことはありません。そうであれば、わずかな金融資産はもしものときのために安全な普通預金で持っていればいいのです。

ただしマイホームを購入せず、金融市場で資産運用するという選択肢はあり得ます。この場合は日本株や円建て債券（国債など）だけでなく、海外の株式や債券も投資対象になるでしょう。

限られた資金をマイホームの頭金にするか、金融市場で運用するかはそれぞれの判断ですが、マイホームの購入というのは、特定の不動産物件にレバレッジをかけて全資産を投じるハイリスクな投資だということは理解しておく必要があります。次に述べるように「破滅シナリオ」が現実化した場合は、変動金利で住宅ローンを組んでいると資産のすべてを失う可能性があるからです。

なお、2012年末からの〝安倍バブル〟のように、低金利のまま円安・株高が進むと（株式投資をしない）機会費用は大きくなります。したがって、このような時期にリスクを取ることには一定の合理性があります。

とはいえ、低金利の円安というのはあくまでも過渡的な経済現象で、それが長期にわたって継続することはあり得ませんから［コラム③］、いずれはここに挙げた3つのシナリオのいずれかに収束していくことになるでしょう。

「破滅シナリオ」の3つのステージ

デフレ不況がつづく「悲観シナリオ」でも、薔薇《ばら》色の世界がやってくる「楽観シナリオ」でも、金融資産は普通預金に預けておくのが保守的な投資家の最適戦略です。

それでは、アベノミクスの暴走で日本国の財政が破綻する「破滅シナリオ」が現実のものになったとしたら、いったいどうすればいいのでしょうか。
ここではまず、日本国の財政破綻を３つのステージに分けて考えます。

【日本国の財政破綻の３つのステージ】

第１ステージ　国債価格が下落して金利が上昇する
↓
第２ステージ　円安とインフレが進行し、深刻な金融危機が起き、国家債務の膨張が止まらなくなる
↓
最終ステージ（国家破産）　日本政府が国債のデフォルトを宣告し、ＩＭＦの管理下に入る

この３つのステージのうち、ここではまず第１ステージを考えます。
先に述べたように、国家の財政危機はいついかなる場合でも国債価格の下落、すなわち金利の上昇からはじまります。低金利のまま円安が進んだり、ゆるやかなインフレになったりするだけなら経済が回復しますから、原理的に財政破綻は起こりません。

金利が高くなってきたとき、どのような金融商品を持っていればいいのでしょうか。これはものすごく簡単で、普通預金か短期（1～3ヵ月）の定期預金なら市場の変化に乗り遅れることなく金利上昇のメリットを享受できます。逆に長期の定期預金は、低金利のまま資産が固定されてしまうので長短金利が逆ざやになると損をすることになります。年利1％の10年もの定期預金を持っていて、金利が大幅に上昇していくことを考えればこれはすぐわかるでしょう（ただしほとんどの定期預金は、ペナルティを払えば中途解約が可能です）。

【金利が上昇するときにお金を預けるなら】

●短期の預金は有利
●長期の預金は不利

それに対して「破滅シナリオ」では地価や株価は確実に下落しますから、金融資産は普通預金に預けておくのが圧倒的に有利なことは明らかです（金融機関の信用リスクが気になるひとは変動金利型の個人向け国債を利用してもいいでしょう。これについては［コラム④］を参照）。

危険な変動金利ローン

それでは逆に、お金を借りる場合はどうなるのでしょうか。

金利の上昇局面では、市場に連動する変動金利が不利で、長期固定金利の借入が有利になります。

住宅ローンを借りている場合、ひとたび金利が上がりはじめると、変動金利では返済額が急増してたちまち家計が破綻してしまいます。

たとえば3000万円を金利１％の30年ローンで借りていると毎月の返済額は９万6000円あまりですが、３％では12万6000円、５％では16万1000円と、わずかな金利の上昇でも返済額は急激に増えていきます（次頁図表3）。ほとんどの借り手はこのあたりで返済不能になって家計が破綻してしまうでしょうが、歴史的には住宅ローンの金利が5％というのは〝低金利〟のうちに入ります。新興国では住宅ローン金利は10％程度がふつうで、20％ちかいことも珍しくありません。財政危機にともなってインフレ率が上昇していけば、このような世界がやってくることは頭に入れ

図表3　住宅ローンの金利と返済額

金利	返済額／月
1%	9万6492円
3%	12万6481円
5%	16万1046円
10%	26万3271円
15%	37万9333円
20%	50万1306円

期間30年で3000万円の住宅ローンを借りている場合、
金利の変動で月額返済額はこんなに変わる

ておくべきでしょう。

変動金利の借入が家計の破綻を招くのに対して、超長期の固定金利は素晴らしい「資産運用」になります。

たとえば住宅金融支援機構の固定金利住宅ローン「フラット35」を利用すれば、21年以上で年利1・5%程度の低金利で借入をおこせます。このときに金利が上昇して普通預金金利が5%になれば、利息をローン返済の原資にあてることで負担はどんどん軽くなっていきます。

バブル期に保険会社が高金利の予定利回りを保証した生命保険が「お宝保険」と呼ばれましたが、金利上昇局面では固定金利の住宅ローンは「お宝ローン」になるのです。

【金利が上昇するときにお金を借りるなら】
●固定金利は有利
●変動金利は不利

なお、一般の個人が低利の固定金利ローンを組む機会は日本では住宅ローンか自動車ローン、教育ローンくらいしかありませんが、自営業者やマイクロ法人（自営業者の法人成り）、中小企業の経営者なら国や自治体の事業者向け低利融資を利用できます。自治体によっては地元の事業者を育成するためゼロ金利に近い優遇を行なっているところもあるので、調べてみる価値はあるでしょう（詳細は拙著『貧乏はお金持ち』講談社+α文庫）。

なぜ外貨預金ではダメなのか？

ここまで述べたように、保守的な投資家にとっては、「楽観シナリオ」と「悲観シナリオ」の全期間、および「破綻シナリオ」の第1ステージにおいては普通預金が最強の金融商品です。

あるいはここで、「財政破綻に備えるのなら外貨建て資産を保有すべきではないのか」と考えるひともいるかもしれません。「国家破産」という言葉には、日本国内の資産がすべて失われてしまうという強い含意があるからです。

もちろん海外の株式などで資産運用するのは有効な方法ですが、保守的な投資家（すなわち日本人の大多数）が「国家破産」対策としていますぐ外貨建て資産を購入する必要はありません。なぜなら現時点では、アベノミクスによって「楽観シナリオ」「悲観シナリオ」「破滅シナリオ」のどれが現実化するかは誰にもわからないからです。

「楽観シナリオ」では好景気をともなう金利上昇が起こるのですから、無理に外貨資産を保有する必要はありません。「悲観シナリオ」ではこれまでのようなデフレ不況が継続しますから、長期的には円高が進行します。問題なのは「破滅シナリオ」ですが、国債価格の下落によって大幅な金利の上昇が起きたとしても、それがただちに円安につながるとはかぎりません。為替市場の経験則では、高金利は短期的には通貨高になるからです。

3・11東日本大震災のときは、「被災した日本企業が資金確保のために海外資産を売却する」との思惑でヘッジファンドが投機的な円買いを仕掛け、一時的な円高が起こりました。このときは先進諸国の協調介入ですぐに円高は修正されましたが、「破滅シナリオ」における金利上昇局面でも同じストーリーで円高の投機が仕掛けられる可能性があります。何度も述べていますが、未来を正確に予測することは誰にもできないのです。

「破綻シナリオ＝円安」と決めつけて大量に外貨資産を保有していると、金利が上昇する局面で思わぬ損失を被る恐れがあります。もちろんほんとうに円安が起きて利益を得ることもあるでしょうが、これは要するにギャンブル（確率のゲーム）ということです。

金利が上がれば利息は増えるし、1000万円までの元本と利息は日本国が保証してくれるのですから、「破滅シナリオ」の第1ステージでは、為替リスクを取るより普通預金のほうが資産運用戦略として優れています。

ところが「破滅シナリオ」の第2ステージでは、インフレと円安によって円資産の価値が失われ、日本人の資産ポートフォリオの中核（不動産、年金、円預金）が大きく毀損してしまいます。

経済状況がこの段階まで悪化すると、もはや普通預金だけでは資産を守ることができません。そのとき私たちはなにをすべきか、それが次章のテーマです。

コラム❹

変動金利型の個人向け国債を利用する

国債が下落して金利が大幅に上昇すると、大量に国債を保有する金融機関のなかには、含み損が膨らんで時価評価で債務超過に陥るところも出てきます。ゆうちょ銀行は70兆円、かんぽ生命は40兆円もの日本国債を保有していますから、国債価格が10％下落しただけで数兆円規模の損失が生じ、再国有化して救済するほかはなくなるでしょう。

こうして金融危機が本格化すると、他の金融機関のなかにも経営危機に陥るところが出てくるのは間違いありません。

もちろん1金融機関、1預金者あたり1０００万円までの元金と利息は預金保険によって保護されていますが、複数の金融機関が連鎖的に破綻するような本格的な金融危機が起これば預金保険の原資が底をついてしまうかもしれません。

そんな不安があるひとは、金融機関の信用リスクを回避する方法として、変動金利型の個人向け国債の利用が考えられます。

現在発行されている個人向け国債「変動10」では、市場金利に応じて半年ごとに適用利率が変わっていきます（6ヵ月定期を10年間継続すると思えばイメージしやすいでしょう）。そのため金利上昇局面でも損失が生じることがなく、そのうえ国債の元金と利払いは日本国が保証していますから、個々の金融機関の信用リスクからは完全に切り離されています。個人向け国債は１万円から、１万円単位で購入でき、購入限度額もないので、まとまった額の金融資産を変動金利で安心して運用したいときに便利です。

ただし現行の「変動10」は商品設計が特殊で、金利が大きく上昇する局面ではうまく機能しない可能性があります。

２０１１年までは、「変動10」の適用金利は基準金利から約０・８％を差し引いて決めていました。ところが超低金利の下でこのような「引き算」方式で適用金利を計算するとほぼゼロになって、金融商品として成立しなくなってしまいます。そのため現在は、基準金利に０・６６を掛けて適用金利を決める「掛け算」方式が採用されています。

「引き算」方式と「掛け算」方式でどのようなちがいがあるか、具体的に検討してみましょう。

基準金利（利払い月の前月の10年もの国債金利）が１％だった場合、「引き算」方式の適用金利は０・２％（１％－０・８％）、「掛け算」方式では０・６６％（１％×０・６６）となり、現行の「掛け算」方式が有利です。

それに対して基準金利が５％に上昇すると、「引き算」方式の適用金利が４・２％（５％－０・８％）なのに対し、現行の「掛け算」方式では３・３％（５％×０・６

6）にしかなりません。現在発売されている「変動10」は超低金利に最適化した商品設計になっているため、金利が上昇するとものすごく不利になってしまうのです。

しかしそれでも、「変動10」を上手に活用する方法はあります。個人向け国債は発行から1年経過すればいつでも中途解約でき、その際は直前2回分の利子の約8割を放棄するだけで、元本の全額を受け取れることになっているからです。これは機関投資家の取引では考えられない、法外に有利な特約です。

［コラム①］で現在価値の説明をしましたが、金利が上昇すれば債券価格は下落します。しかし個人向け国債では、投資家は若干のペナルティを支払うだけで、その損失を日本国に補塡してもらうことができるのです。

金利が大きく上昇する局面では、現在の「掛け算」方式の商品設計は機能しなくなりますから、ふたたび「引き算」方式で適用金利を決めるようになるでしょう。そうなったときは、「掛け算」方式の個人向け国債を中途解約して「引き算」方式に乗り換えることで不利な条件をリセットできます。——もっともそのための手間を考えれば、国債保有高が少なく預金金利の高いネット銀行に資金を分散しておくほうが簡単なような気もしますが。

第4章

たった3つの金融商品で「国家破産」はこわくない

破滅シナリオが
「第２ステージ」に進むと、
もはや普通預金では
資産を守ることができなくなる。
しかしその場合でも、
金融機関やネット銀行・
ネット証券で買える
３つの金融商品だけで、
たいせつな資産に
「保険」をかけられる。
「国家破産」をいたずらに
恐れる必要はない。

アベノミクスが財政破綻を誘発する「破滅シナリオ」で普通預金が有効な対策になるのは、金利が上昇をはじめてから本格的な金融危機が起きるまでにタイムラグがあるからです。ギリシアの経済危機にしても、財政の健全性が危ぶまれてから国家ぐるみの粉飾決算が発覚して国債価格が急落するまで2年以上が経過しています。

戦争や内乱とちがって市場での出来事は継続性が強いので、デフレからハイパーインフレに至るには、マイルドなインフレと円安による楽観的な時期があり、金利の上昇と企業倒産、自己破産の増加で不安が広がり、ついには国債が暴落してパニックが起こる、というように順を追って状況が悪化していくはずです。だからこそ、**「破滅シナリオ」の第1ステージ**は普通預金でリスクヘッジして、その間に**第2ステージ**の経済的な混乱に備えることが可能になります。

第2章では、「財政危機がいつはじまるかはわからないとしても、いったん危機が現実化すればどのような事態が起こるかは予測可能だ」と述べました。財政破綻は以下の3つの経済的な現象を引き起こし、原理的にそれ以外のことは起こりません。

①国債価格の下落（金利の上昇）
②円安

③インフレ

金利の上昇と円安、インフレがスパイラル状に進行し、国家債務の膨張が止まらなくなり、深刻な金融危機が日本経済を揺るがす**「破滅シナリオ」の第2ステージ**では、もはや普通預金だけでは資産を守ることはできません。しかし幸いなことに、この「危機」はたった3つの金融商品だけでかなりの程度保険をかける（ヘッジする）ことが可能です。それも、思ったよりずっと簡単に。

ここではそれを具体的に説明していきましょう。

財政破綻に備える金融商品① 国債ベアファンド

「国債価格の下落＝金利上昇」なのだから、普通預金（あるいは変動金利型の個人向け国債）でさらなる金利の上昇に備えるのも有効な戦略ですが、もっとシンプルに、国債価格の下落から利益を得る金融商品に投資する方法もあります。

日本の財政破綻に賭けるヘッジファンドなどは、日本国債先物を売ったり、国債先物のプットオプションを買うなどのデリバティブを使ってポジションに高いレバレッジをかけていますが、この方法は個人投資家でも不可能ではないものの初心者にはかなり敷居が高いでしょう（デリバティブについては第6章を参照）。

株式市場では、株価の上昇を予想する強気派を「ブル（牛）」、株価の下落を予想する弱気派を「ベア（熊）」と呼びます。闘うときに牛は下から角を突き上げ、熊は上から腕を振り下ろすからだといわれています。

「国債ベアファンド」は、国債価格が下落すると利益を生むように商品設計された投資信託です。証券会社（あるいはネット証券）で少額から購入可能で、投資に3〜5倍のレバレッジがかかっていますが、国債先物取引とはちがって基準価額がゼロを下回ることがないので初心者でも安心です。

国債ベアファンドの基準価額は、「額面100円、期間10年、年利率6％」という条件のヴァーチャルな長期国債の価格と逆に動きます。現在の長期金利は0・02％程度と人類史上まれに見る超低金利になっているため、国債価格は150円近くまで大幅に上昇しています。国債ベアファンドの損益は国債に投資するのと逆になりますから、金利が上昇して国債価格が下がると利益が出て、金利が低下して国債価格が上昇すると損失が生じます。

しかしすぐにわかるように、金利はゼロ％未満になることはありません。もちろん今後、長期金利がさらに下がっていく（国債価格が上昇していく）可能性はあります

図表4　金利ごとの国債価格と、金利1%のときをゼロとした国債ベアファンド［レバレッジ1倍］の損益

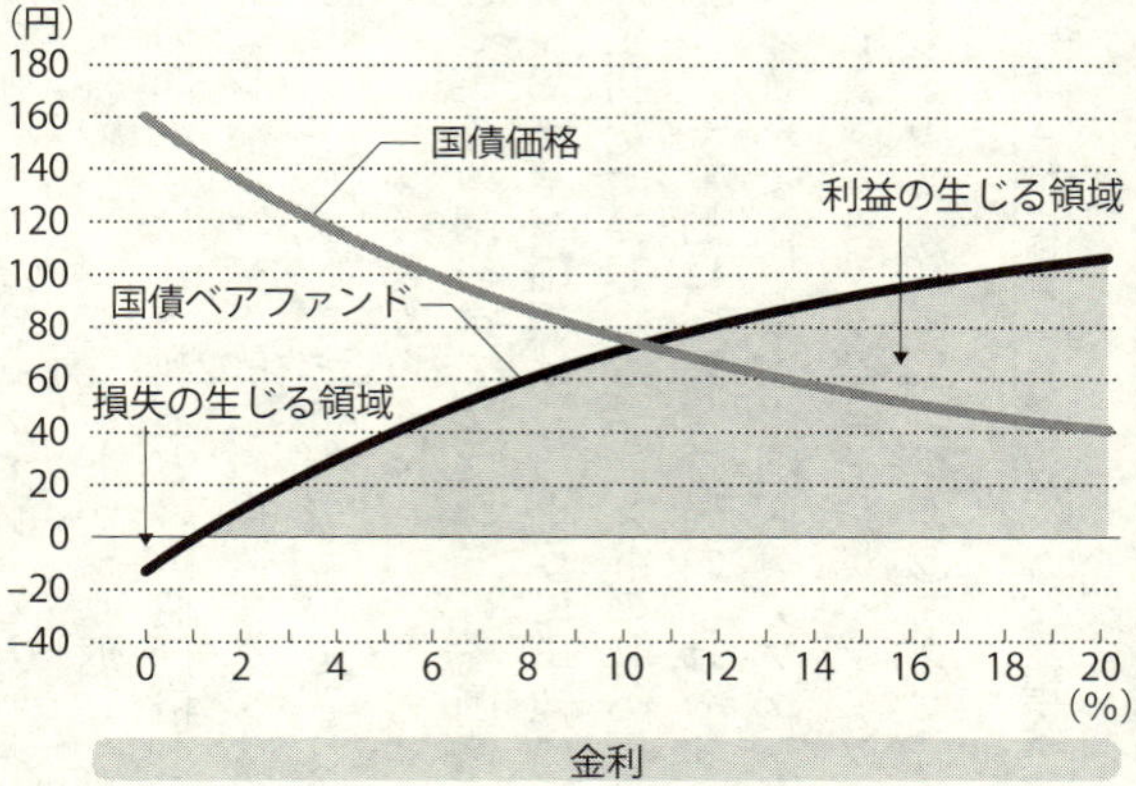

が、それにも限界があります。

これ以上金利が低下しても国債価格はほとんど上がらず、ゼロ％の160円が上限になります。理論上、現在の価格（150円）からの損失可能性は10円程度しかありません。

それに対して、金利が2％に上がれば国債価格は133円、3％で123円、5％で107円、10％で80円と下落していきます（ハイパーインフレになれば国債の理論価格はゼロに近づきます）。

国債の売りポジションは、リスクとリターンのバランスが大きく歪んでおり、投資家にとっては、限定された損失で大きな利益を得られる、きわめて割りのいいギャンブル（フリーランチ）になっている可能性があります。これが、海外のヘッジファンドが繰り返し「日本国債売り」を仕掛ける理由です。

前頁の図表4は、金利ごとの国債価格と、金利1％のときをゼロとした国債ベアファンド（レバレッジ1倍）の損益をグラフ化したものです。これを見ると、金利がゼロ％より下がらないことで損失が限定されている一方で、リターンの余地がはるかに大きいことがよくわかります。

ただし実際の国債ベアファンドは、国債価格に対して3〜5倍のレバレッジをかけているので、基準価額はこのように単純には動きません。国債価格の変動の仕方によっては金利が上昇してもファンドの基礎価額は下落することもありますが、その一方で、金利が一方的に上昇する局面では一種の「宝くじ」になります。

これを読んで、いますぐ国債ベアファンドを購入すればいいというわけではありません。投資タイミングを知るにはベア（ブル）ファンドに特有の商品設計を理解する必要があるので、必ず［コラム⑤］をお読みください。

財政破綻に備える金融商品② 外貨預金

円安で利益を生む投資戦略で誰もが真っ先に思い浮かべるのが外貨預金や証券会社

図表5　金融機関別の為替手数料と実質利益

	為替手数料	2万ドルを両替した場合の為替手数料（往復）	純利益
一般の銀行	1ドル＝1円	2万円	8万円
USMMF	1ドル＝50銭	1万円	9万円
ネット銀行	1ドル＝10銭	2000円	9万8000円
FX	1ドル＝1銭	200円	9万9800円

1ドル＝90円で90万円を1万ドルに両替し、1ドル＝100円で円に戻した場合。
グロス（名目）利益は10万円。
FX（外貨証拠金取引）については第6章参照。

の外貨MMFでしょう。最近ではネット銀行を利用して外貨を売買するひとも増えてきました。

外貨預金をする際のポイントは、為替手数料に敏感になることです。図表5は、1ドル＝90円のときに90万円を1万ドルに両替し、1ドル＝100円の円安になったので円に戻した際の、金融機関別の手数料と実質利益を表わしたものです。グロス（名目）利益は10万円ですが、金融機関によってネット（純）利益は大きく異なることがわかります。これを見ると一目瞭然《いちもくりょうぜん》ですが、ネット銀行の為替手数料率が大幅に下がったため、特別な理由がないかぎり、一般の銀行で外貨預金（両替）をする意味はなくなりました。

外貨投資のポイントはどの通貨を保有するかでしょうが、長期的には金利のちがいは為替の変動で帳消しになって損も得もなくなるはずなので、金利の高い通貨を選べばいいというわけではありません（これは外貨預金の重要なポイントなので、［コラム⑥］で詳しく説明していきます）。

世界金融危機以降、米ドル、ポンド、ユーロなどの主要通貨の金利が軒並み下がったため、いまや高金利通貨はブラジルレアル、トルコリラなどの新興国通貨だけになってしまいました。こうした流通量の少ないマイナー通貨は、米ドルに比べて為替手数料がかなり割高なことにも注意が必要です。

通貨の価値は相対的なものですから、すべての通貨が一斉に価値を失うことはあり得ません。

貿易の大半は基軸通貨である米ドル建てで行なわれており、日本円といっしょに米ドルも下落する（ユーロやポンドだけが一方的に上昇する）シナリオは考えにくく、円安による円資産の価値の減少に保険をかけるとしたら、為替コストの安い米ドルを保有するのが第一選択肢です。

財政破綻のインフレでは地価も株価も下落する

「破滅シナリオ」では、国債の暴落（金利の急騰）と大幅な円安、高率のインフレが日本経済を襲います。

一般に「インフレには株式と不動産が強い」とされますが、財政破綻が引き起こすインフレではこの法則は通用しません。インフレで株価や地価が上昇するのは、賃金の上昇と経済成長がともなうからです。インフレ・高金利にもかかわらず失業や不況がつづくスタグフレーションでは、株価も地価も下落することになります。

その理由は、不動産を債券と同じ金融商品と考えれば理解できます。

債券価格は、各期の配当と満期日に償還される元本を現在価値に割り引き、それを合計することで求めることができます。このとき、割引金利が高いほど現在価値は小さくなり、割引金利が低いほど現在価値は大きくなりました［コラム①］。

それと同様に、不動産を家賃が得られる債券の一種と考えてみましょう。ただしこの債券は元本の償還がなく、未来永劫《えいごう》配当が支払われます（こうした証券を「永久債」といいます）。

永久債の価格（現在価値）は、１年間に受け取る配当の総額を金利で割ることで求められます（これは「等比級数の和の公式」を使うのですが、詳しく知りたい方はファイナンスの入門書をお読みください）。配当が100円、割引率が5%の場合、永久債の価格は2000円（100円÷5%）です。

これと同じ方法で、月額賃料20万円の不動産の現在価値（理論価格）を求めてみましょう。年間の賃料合計が240万円（20万円×12）、現在の平均的な不動産投資の割引率を5%とすると、不動産価格は4800万円（240万円÷5%）になります。

これは、時価4800万円の不動産を賃貸に出すと月額20万円程度の賃料が受け取れるということであり、同時に、最低でも5%程度の投資利回りがないと不動産に投資するひとはいない、ということでもあります。

不動産の割引率は、当然、金利水準によって変動します。現在は長期金利がきわめて低いので、不動産投資で5%の利回りがあれば投資家は満足します。しかし、仮に長期金利が5%に上がると、（日本国が元本と利払いを保証している国債は無リスクなので）リスクのある不動産に5%の利回りで投資するひとはいなくなってしまいます。

このようなシンプルな理屈で、金利が上昇したとき、不動産市場では次のいずれかのことが起きて投資利回りが上昇することになります。

①不動産の賃料が上がる

②不動産価格が下落する

　ところで、「破滅シナリオ」では財政破綻によって日本経済は大混乱に陥り、金融危機で企業倒産が続出し、金利上昇で住宅ローンを払えなくなったひとたちが次々と自己破産し、失業率が10％（若者の失業率は20％）を超えることが予想されます。このような状況でインフレに応じて賃料を値上げできるかどうかはきわめて疑問です。このように、金利（不動産の割引率）が上がっても賃料が値上げできないと、必然的に地価が下落して投資利回りを上げるしかなくなります。

　次頁図表６は、現在の不動産の割引率を５％として、賃料が固定されたまま金利（割引率）が上がると、時価４８００万円（月額賃料20万円）相当の不動産価格がどこまで下落するかを示したものです。

　このシンプルな設定では、不動産の価値は割引率10％で２４００万円と半分になり、割引率20％では１２００万円と４分の１になってしまいます。不況下の金利上昇

図表6　不動産価格と金利の関係

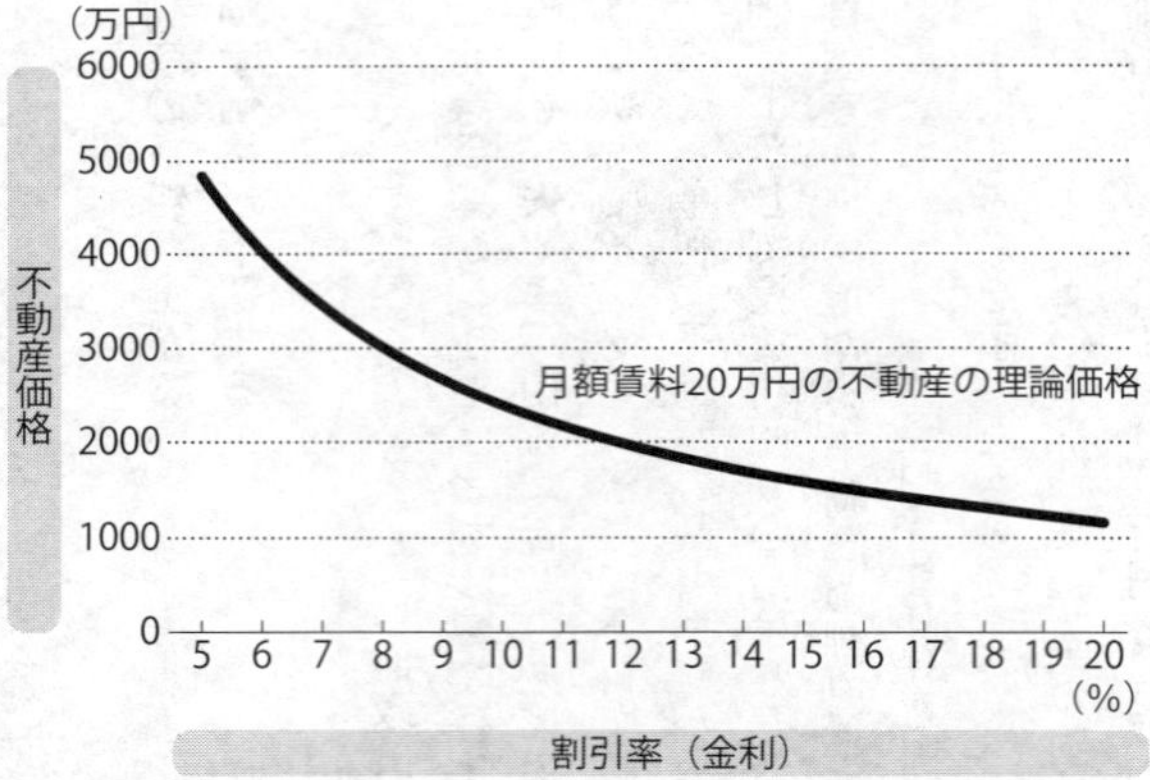

が資産価格を大きく毀損《きそん》させることがよくわかります。

ファイナンス理論では、不動産と同じく株式も永久債の一種としてその理論価格を計算します。株式は不動産と異なって毎年の配当（純利益）が業績によって大きく変わりますが、株式が株主への利益分配権だとすれば、その価値は、遠い将来にわたる純利益を現在価値に割り戻した合計以外ではあり得ないからです（将来の利益を正しく予想できるかどうかは別の話です）。

このように考えると、金利が上昇したときは、株式市場で次のいずれかのことが起きて投資利回りが上昇することがわかります。

①会社の純利益が増える
②株価が下落する

金融危機の大不況のなかで企業業績が大きく改善するとは考えられない以上、やはり株価は大きく下落するほかないのです。

このように「破滅シナリオ」では不動産も株式もインフレ対策にはなりません。だとしたら、私たちはどのような金融商品で資産を守ればいいのでしょうか。

財政破綻に備える金融商品③ 物価連動国債ファンド

インフレとは生活コストが上昇することですから、それに応じて収入が増えなければ私たちの生活はどんどん貧しくなってしまいます。そうした状況に保険をかけるためには、インフレ率に応じて元本が増えていけばいいことになります。じつはそんな便利な金融商品があって、「物価連動国債」と呼ばれます。

物価連動国債は、消費者物価指数に応じて元本が増減するように設計されています。

図表7　毎年10％ずつ物価が上昇した場合の物価連動国債の元本と配当

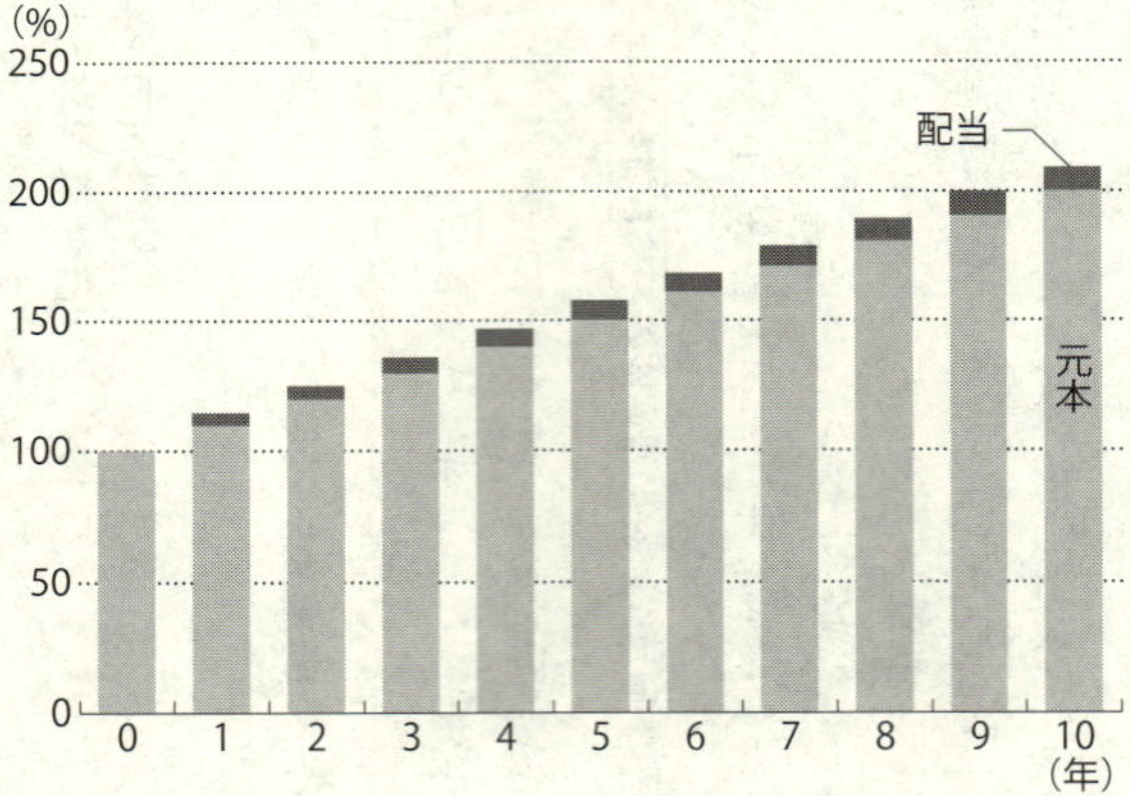

ここでは設計を簡略化して、10年後には毎年10％ずつ物価が上昇し、物価（生活コスト）が2倍（10年間の物価上昇率100％）になるとしましょう。このとき利率5％の物価連動国債を保有していると、インフレ率に応じて毎年10％ずつ元本が増えていって、それに応じて配当も増え、10年後には元本が倍になって償還されます（配当も倍になります）。

このときは物価も2倍になっているわけですから元本の実質価値は変わりませんが、インフレのリスクはちゃんとヘッジできているわけです（図表7）。

物価連動国債はきわめて有用な金

融商品ですが、ひとつ大きな問題があります。インフレによる資産の目減りを防ぐことの代償として、デフレ（マイナスのインフレ率）になると（名目での）損失が生じてしまうのです（実質価値は変わりません）。その結果、デフレ下では需要がほとんどなく、２００８年には新規発行が停止されました（２０１３年から再開）。

物価連動国債は機関投資家向けで、個人向けは投資家のインフレ期待が高まらないため販売が延期されています。物価連動国債ファンドの基準価額も下落しており、「国債は元本保証」という信仰が強い日本ではこうした商品性はなかなか受け入れられないのでしょう。

金投資はギャンブル

ところでここで、「財政破綻というのは国家が信用を失うことなのだから、国家の信用に基づいて発行される物価連動国債でそのリスクをヘッジするのは本末転倒《ほんまつてんとう》ではないのか」という当然の疑問が出てくるでしょう。これは「破滅シナリオ」の最終ステージ、すなわち日本国がデフォルト（債務不履行《ふりこう》）を起こす局面では重大な脅威になります。

そのためこれまで私は、物価連動国債よりも商品ファンドや商品ＥＴＦをインフレ対策の金融商品として挙げてきました。インフレがモノの値段が上がることだとすれば、もっと単純に、原油や金属・貴金属、農産物などの商品を先回りして買っておけばいいからです。

こうした「世界商品」は外貨建てで取引されており、円安になれば円建ての価格が上がりますから、ほとんどの場合、商品（もしくは商品指数）を保有していれば国内物価の上昇をヘッジすることができるでしょう。

ただし、財政破綻にともなうインフレは日本の国内現象（貨幣現象）であり、世界商品である原油や穀物の価格と直接の関係があるわけではありません。そのうえ商品価格は需給によって変動しますから、日本経済の混乱が与えるショックで相場が下落する可能性があります。そう考えると、インフレ＝円安をヘッジするにはシンプルに外貨預金すればいいことになります（これについての詳しい説明は［コラム⑦］参照）。

「インフレ対策なら金を買えばいいのではないか」と考えるひともいるでしょうが、金投資についての私の考え方は、ウォーレン・バフェットやジム・ロジャーズと同じです。すなわち、金は鉄や銅などの金属とちがって工業用としてはほとんど用途がなく、地中から掘り出されて退蔵されるだけで、株式や債券のように配当が得られるわけでもありません。

金に価値があるのはひとびとが「金に価値がある」と思っているからで、貨幣と同じでその実体は共同幻想です。この幻想が続くかぎり価格は上昇するかもしれませんが、ひとびとが王様は裸だと気づけばただの石ころになってしまうでしょう。金投資は純粋なギャンブル(投機)なのです。

リーマンショックの直後、金価格は1オンス1023ドルから692ドルまで3割下落しました。日本の財政が破綻して世界経済が混乱したときにも、金価格は同じように下落する可能性があります。そう考えると、財政破綻のリスクヘッジとして金投資がどの程度有用かは疑問です。

日本国の信用が失われないかぎり、インフレには物価連動国債で対応できます。金融危機から「国家破産」が視界に入ってくるようなら、ファンドを解約して円資産を外貨資産に交換するのが、もっとも確実なインフレ対策になるでしょう。

なお本書の親本が刊行されてから、〝仮想通貨〟であるビットコインが急速に普及してきました。「国家破産」時に資産をビットコインに替えておけば円安のリスクをヘッジでき、さらには後述の「預金封鎖」にも対応できます。しかし現状、ビットコインは投機商品となっていてその価格は金よりも乱高下するため、保守的な投資家が資産を保全するための金融商品とはいえないでしょう。

「破滅シナリオ」最終ステージ

財政破綻により日本経済が大混乱に陥る「破滅シナリオ」の第2ステージでは、国債ベアファンド、外貨預金、物価連動国債ファンドの3つの金融商品で(理論的には)経済的リスクのかなりの部分をヘッジすることが可能です。

しかしその一方で、経済的な混乱がさまざまな政治的リスクを顕在化させる可能性は否定できません。

財政を健全化する方法は、突き詰めれば税収を増やすか支出を減らすしかありません。このような選択を迫られたとき、年金の減額や医療・介護保険の自己負担の引き上げは政治的な抵抗がきわめて大きいため、政府は富裕層に対する所得税、金融所得課税、贈与・相続税を大幅に引き上げようとするでしょう。

ここまでは説明を簡略化するためにあえて触れませんでしたが、課税は資産運用のパフォーマンスに大きな影響を与えます。

先に「物価連動国債を使えばインフレリスクはヘッジできる」と書きましたが、これは課税がないことを前提とした話です。物価連動国債ファンドを100万円購入し、物価が10倍になれば投資元本も10倍の1000万円になって償還されますが、このとき資産の（インフレを考慮した）実質価値は変わっていないにもかかわらず、名目利益の900万円に対して課税されてしまうのです。

金融所得に対する税率を20%としても、900万円の名目利益から180万円が差し引かれ、手取りは（元本の100万円と合わせて）820万円になります。これに対して、インフレによってかつて100万円で買えたものが1000万円になったのですから、課税コストの分だけ生活は貧しくなってしまうのです。

こうした課税による負の効果は、外貨預金（為替差益）や国債ベアファンドの売却益でも同じで、金融所得への課税が強化されれば想定していたヘッジが利かなくなってしまいます。金融所得への税率が20%から30%や40%（場合によっては50%）に引き上げられればその影響は甚大で、国内の金融資産を海外に移す大規模なキャピタルフライトを誘発するでしょう。

もちろん、たんに資産を海外に移しただけでは課税を免れることはできません。しかし、（本書では詳述しませんが）日本国の非居住者になれば海外資産から得られる利益は非課税になります。法改正によって一定期間は非居住者にも課税するようになり、1億円を超える有価証券を持つ個人が海外に移住する際、株式の含み益などに課税する「国外転出時課税制度」も開始されました。

しかしそれでも、財政破綻による政治リスクが極大化すれば、外国の国籍を取得して日本国籍を放棄し、国外脱出する富裕層が続々と現れるでしょう。国家への信認が失われれば、国籍になんの価値もなくなるのです（キャピタルフライトについては［コラム⑧］参照）。

国債のデフォルトと預金封鎖

円安と金利の上昇、インフレがスパイラル状に昂進《こうしん》し、日本国の債務の膨張が止まらなくなると、もはや増税や歳出削減などの通常の政策では対処が難しくなります。こうした経済危機で国家がしばしば行なってきたのが、国債のデフォルトと預金封鎖です。

国債のデフォルトというのは、いわば国家の自己破産です。国債とは国家が発行した借金の証書で、諸般の事情でその返済がきわめて困難になったわけですから、「半分しか返済できません」などと一方的に宣言してしまうわけです。

近年でも、1998年にロシアが対外債務の支払停止と債務整理に追い込まれ、2001年にアルゼンチン政府が810億ドルの債務をデフォルトしています。また世界金融危機後にはアイスランドが、民間銀行の莫大な債務（金融機関の総資産はGDPの10倍に達していた）を肩代わりできずに実質的なデフォルトに陥りました。国債のデフォルトは国家としての約束を反故《ほご》にすることですから、国際社会からはきわめて厳しい扱いを受け、通常はIMF（国際通貨基金）の管理下で財政再建を行なうことになります。2010年の参院選で消費税増税を掲げた菅直人《かんなおと》総理が、「財政再建に取り組まないと、たとえばIMFのような機関に、箸《はし》の上げ下げまでコントロールされる」と述べましたが、それはこうした事態を想定しているのです。

とはいえ日本の国債は大半が国内で消化されているので、日本国にはデフォルトよりもっとかんたんに巨額の借金を清算する方法が残されています。

それは、1400兆円の国民の金融資産を差し押さえ、1000兆円の借金と相殺して、財政赤字を帳消しにすることです。これが「預金封鎖」や「新円切替」と呼ばれる究極の財政措置です。

国家は通貨を発行し、軍隊や警察などの「暴力」を独占していますから、理論的にはなんでもできます。もっとも日本はまがりなりにも民主政国家で、預金封鎖が憲法に定められた財産権の侵害にあたるのは明らかですから、政府がこの〝焦土作戦〟を実行する可能性は低いでしょう。政治家にとっては、自らが悪者になるよりも、インフレの責任を「グローバリズム」や「市場原理主義」に押しつけながら、国民が気づかないうちに借金の負担を減らすほうがはるかに好ましいのです。

とはいえ読者のなかには、「国家の暴走」を不安に思うひともいるでしょう。当然のことながら、国債のデフォルトや預金封鎖が起これば国民の資産は甚大な損害を被ることになります。

物価連動国債でインフレリスクをヘッジしていても、国債自体の元金の償還が反故にされてしまえばなんの意味もありません。国債ベアファンドや外貨預金から大きな利益を得ていたとしても、預金封鎖があれば資産はすべて没収されてしまいます。すなわち、「破滅シナリオ」が最終ステージに入ると、これまでの資産防衛戦略はほとんど無効になってしまいます。

もっとも本書では、現時点では「最悪の最悪」まで想定する必要はないと考えます。これは「日本は絶対に破綻しない」ということではなく（未来に〝絶対〟はありません）、「最悪の最悪」が起きるとしても、それまでにはかなりの時間がかかるはずだからです。これまでも繰り返し述べたように、経済には強い継続性（粘性）がありますから、いまから半年後に日本がデフォルトしている、などということはありません。

もうひとつの理由は、極端な事態を想定することで、資産運用戦略が歪んでしまう可能性があることです。一部の金融機関は、「国家破産」を営業ツールにして手数料率の高い複雑な金融商品を売り込もうとしていますが、これでは日本国の財政破綻リスクよりもはるかに高いリスクを押しつけられることになりかねません（これについては「あとがき」に書きました）。

現在の金融テクノロジーは、正しい準備さえしておけば、クリックひとつで全資産を海外や仮想空間に移すことを可能にしました。国債のデフォルトにせよ、預金封鎖にせよ、国家はそれほど俊敏には動けませんから、（流動性の高い金融資産を保有しているのなら）政治的なリスクを過度に恐れる必要はないのです。

海外の金融機関を利用した「預金封鎖」対策

とはいえ、マクシミン戦略ではつねに「最悪」を想定しておく必要があることも事実です。そこで最後に、究極の政治リスクである預金封鎖にどのように対処すればいいのかを簡単に述べておきましょう。

海外の金融機関や金融商品が、国内の金融機関や金融商品よりも常にリスクが高い、ということはありません。現実には、あらゆる商品・サービス市場のなかで金融市場がもっともグローバル化が進んでおり、いまでは取引を国内で行なうかはまったく問題にならなくなりました。ヘッジファンドなどのプロはもとより個人投資家ですら、税金を含めた取引コストが安く、利便性の高い市場を選んで取引しています。

誰もが考えるように、預金封鎖のもっとも簡単で確実なヘッジは、日本国の法が及ばない海外の金融機関に資産を移転することです。アメリカやヨーロッパはもちろん、中国の特別行政区である香港の金融機関でも、その資産を相手国の政府の許諾なく日本国が差し押さえることはできません（ただし技術的には、海外銀行の円預金であれば差し押さえは可能です）。

このとき、「破滅シナリオ」の第2ステージで検討したような金融商品（とりわけ外貨預金と国債ベアファンド）を、日本国内と同程度のリスク（あるいはそれより低いリスク）で海外市場で保有できるならば、財政破綻と預金封鎖を同時にヘッジできる一石二鳥《いっせきにちょう》になります。

金融資産を海外に移転する場合は、資産を預けた先の信用リスクを負うことになりますから、格付けの高い国や金融機関を利用するのが鉄則で、選択肢はそれほど多くありません。国家であれば財政の安定した先進国、銀行であれば「Too big to fail

（大きすぎてつぶせない）」とされるグローバル金融グループを選ぶことになるでしょう（歴史や伝統があっても規模の小さなプライベートバンクなどは避けたほうが賢明です）。

また現在ではほとんどの国が一定額の預金を保護しているので、事前に預金保険制度についても調べておきましょう（たとえばアメリカは、米連邦預金保険公社が１口座あたり25万ドルまでの預金保険を提供しています）。

世界金融危機によって明らかになったように、大手金融機関でも破綻することはありますが、欧米諸国はもちろん香港やシンガポールでも、顧客が保有する有価証券（株式、債券、ファンドなど）は分別管理によって金融機関の信用リスクから切り離されています。またアメリカでは、ＳＩＰＣ（証券投資家保護機構）が口座資産50万ドル（現金は25万ドル）までを保証しており、証券会社によっては、それを超える有価証券と現金に別途保険をかけているところもあります。

親本ではここで、もっとも効果的な「預金封鎖」対策としてニューヨーク市場に上場されていた「日本国債ベアＥＴＮ」を紹介しました。ティッカー（証券コード）「ＪＧＢＳ（レバレッジ1倍）」と「ＪＧＢＤ（レバレッジ３倍）」の２本があり、国債価格の下落で株価が上昇するだけでなく（ドル建てなので）円安で為替差益が得られ、米国の証券会社で購入すれば資産は米国の法によって保護されるからです。

円資産の毀損と預金封鎖のリスクを遮断する理想の金融商品でしたが、残念なことに、日本の低金利があまりに長くつづいたことで取引が細り、2016年9月に上場廃止になってしまいました。とはいえ、なんらかのきっかけで市場が動揺し日本経済のインフレと金利の上昇が現実的な不安になれば、同様の商品が設定・上場されることになるでしょう。

なお、OECD諸国でCRS（共通報告基準）に基づく課税情報の自動交換がはじまっており、日本や香港、シンガポールも2018年から参加します。これによって海外の金融機関の口座情報が日本の税務当局に把握される可能性があります。もちろん主権の壁を越えて海外資産を差し押さえることはできませんが、口座名義人が国内に住んでいる場合は身柄を拘束することは可能です。

万が一、日本国の財政が破綻し、預金封鎖が行なわれるような異常事態が起きた場合は、海外に多額の資産を保有する富裕層は家族をともなって国外脱出することになるかもしれません。

財政破綻から資産を守るには、これだけ知っていれば大丈夫！

第1ステージ（国債価格の下落による金利上昇）

【普通預金】簡単で確実。円高ならさらに有利に

金利が上昇すれば、普通預金の金利もそれに応じて上がっていく。金利上昇で一時的な円高になれば外貨建ての資産価値が増えるし、円安が進むようなら解約して外貨預金にすることもできる。デフレがつづいても実質金利はプラスだから、普通預金は「最強」の資産運用なのだ。

第2ステージ（国債下落・円安と物価上昇のスパイラル）

【日本の国債ベアファンド】国債の下落にレバレッジをかけて投資できる

現時点で販売されているのは野村アセットマネジメントの「スーパーボンドベアオープン3」（レバレッジ4倍）とT&Dアセットマネジメントの「日本債券ベアファ

ンド」（レバレッジ5倍）の2本。ファンドなので、国債先物とちがって、投資資金を超える損失が生じることはない。
ただし、金利が変動しないと長期的には基準価額が減価していくので投資のタイミングは考えよう。

【外貨預金、外貨MMF】 円安で為替差益を狙うなら手数料の安いものを探そう
円を外貨に両替する機能は、外貨預金も外貨MMFも同じこと。だったら、もっともコスト（為替手数料）が安いものを利用すべし。大手銀行の外貨預金は1ドル＝1円の高コスト。証券会社の外貨MMFは1ドル＝50銭で、ネット銀行の外貨預金は手数料が5銭程度まで大きく下がっている（ただし海外送金はできない）。

【物価連動国債ファンド】 インフレヘッジに最適。ファンドを利用して投資
インフレになれば元本が増えて資産の実質価値を保全する。逆にデフレだと（名目で）元本割れになる。個人は購入できないので、みずほ投資の「MHAM物価連動国債ファンド」などを利用することになる。

最終ステージ（日本国が国債のデフォルトを宣告。国家破産）

【海外の金融機関口座開設】 海外金融機関は金融制度と信用格付で選ぼう

マネーロンダリング対策などで海外に銀行口座を持つことが難しくなっているが、香港やシンガポールの銀行なら現在でもパスポートと住所証明で口座開設が可能。それ以外ではハワイ州の銀行、スイスのプライベートバンクやイギリス領のオフショアの金融機関がよく利用されている。

コラム❺

国債ベアファンドの基準価額の動き方

国債ベアファンドの基準価額は、大阪取引所（大証）に上場された長期国債標準物の先物価格に連動します。長期国債標準物は、額面100円、期間10年、年利率6％のヴァーチャルな長期国債のことです。長期国債の価格は、金利が上がれば下落し、金利が下がれば上昇します。ベアファンドではこの関係が逆転していますから、金利が上がれば利益が出て、金利が下がれば損失が生じることになります。

ところで、現在販売されている国債ベアファンドは国債価格の変動に対して4〜5倍のレバレッジをかけて運用されています。レバレッジについては第6章で説明しますが、5倍のレバレッジでは利益も損失も5倍になるので、金利が大きく下落した場合（といってもその余地は限られているわけですが）、損失が投資の元金を超えてしまう恐れがあります。

しかし、基準価額がマイナスになるようなファンドは存在しません。だとしたら、国債ベアファンドはどのようにしてこの問題を解決しているのでしょうか。その秘密は、価格の動きの絶対値と比率のちがいにあります（以下に説明する商品設計は、価格の動きに対する損益が逆なだけで、株式や債券などの上昇にレバレッジをかけて投資するブルファンドでも同じです）。

■国債価格が変わらなくても損する仕組み

わかりやすくするために、設定を思い切って簡略化します。

今日（1日目）の国債価格が100円として、翌日（2日目）に105円に上昇し、その翌日（3日目）に100円に戻ったとします。このとき、レバレッジ10倍の国債先物の売りと、同じくレバレッジ10倍の国債ベアファンドにそれぞれ100円を投資したとします（ここでは先物についての詳しい知識は不要です。とりあえずは、利益も損失も10倍になると考えてください。なお、先物取引の詳しい説明は第6章参照）。

国債先物（売り）の損益は国債価格の逆になりますから、2日目に50円の損失（5円×10倍）、3日目に50円の利益で、結局100円に戻って損も得もなくなります。

一方、国債ベアファンドの基準価額は、前日の国債価格との比率（前日比）で決まります。

国債価格は1日目の100円が2日目に105円になったわけですから、前日比はプラス5%（〈105円−100円〉÷100円）で、ベアファンドは損益が逆になって、基準価額は半分（マイナス5%×レバレッジ率10倍）の50円になります。2日目の基準価額は、先物取引の損益とまったく同じです。

ところが3日目になると、国債価格は前日の105円が100円になったわけです

図表G　国債価格が上昇した後、下落したときの国債ベアファンドの基準価額

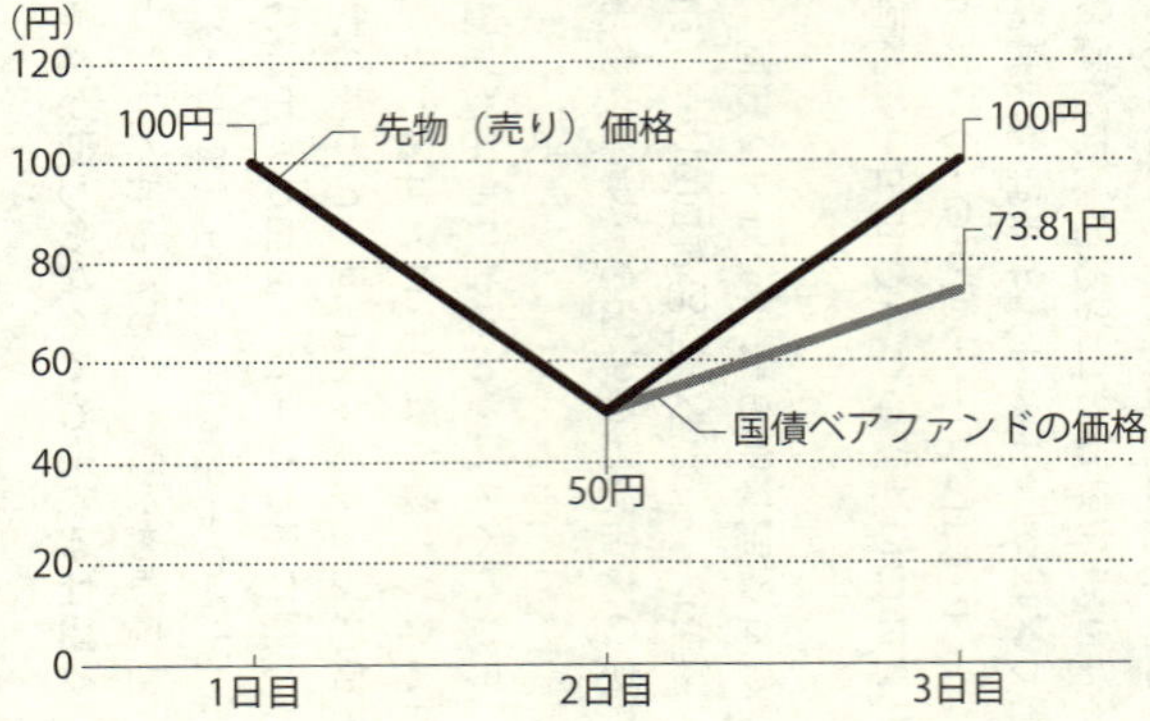

から、前日比はマイナス4・76％です（〈100円－105円〉÷105円）。このとき、レバレッジ率10倍のベアファンドの基準価額は、前日の価格50円から47・6％（4・76％×10倍）上昇して、73・81円になります。

この関係を表したのが図表Gで、先物価格が元の100円に戻ったにもかかわらず、ベアファンドの基準価額は下落したままで、26・19円の損失が生じています。

図表Hでは、先の例とは逆に、2日目に国債価格が95円に下落し、3日目に100円まで上昇しています。10倍のレバレッジをかけた先物（売り）取引では、2日目に50円の利益が、3日目に50円の損失が出

図表Ｈ　国債価格が下落した後、上昇したときの国債ベアファンドの基準価額

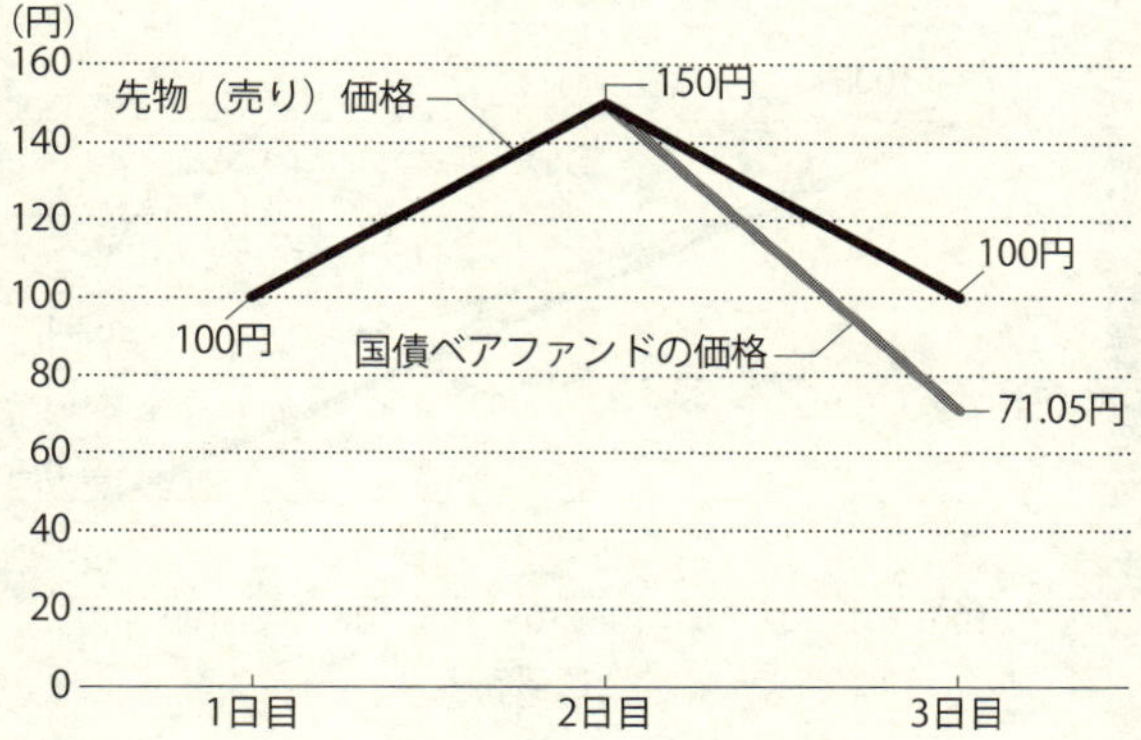

て、価格は元の１００円に戻ります。

それに対して国債ベアファンドでは、２日目に50円の利益が出るところまでは同じですが、３日目の価格は前日比５・２６％の下落になるため〈（１００円－95円）÷95円〉、10倍のレバレッジをかけると52・６％の下落となって基準価額は71・０５円になってしまいます。ここでも、国債価格は元に戻ったのに、国債ベアファンドでは28・９５円もの損失が生じているのです。

このように国債ベアファンドでは、商品設計上、国債価格が同じレンジで上下に動いた場合でも基準価額は下落してしまいます。

それでは、国債価格が一方的に上

図表1　国債価格が100から110円に上昇したときの、先物（売り）取引と国債ベアファンドの損益

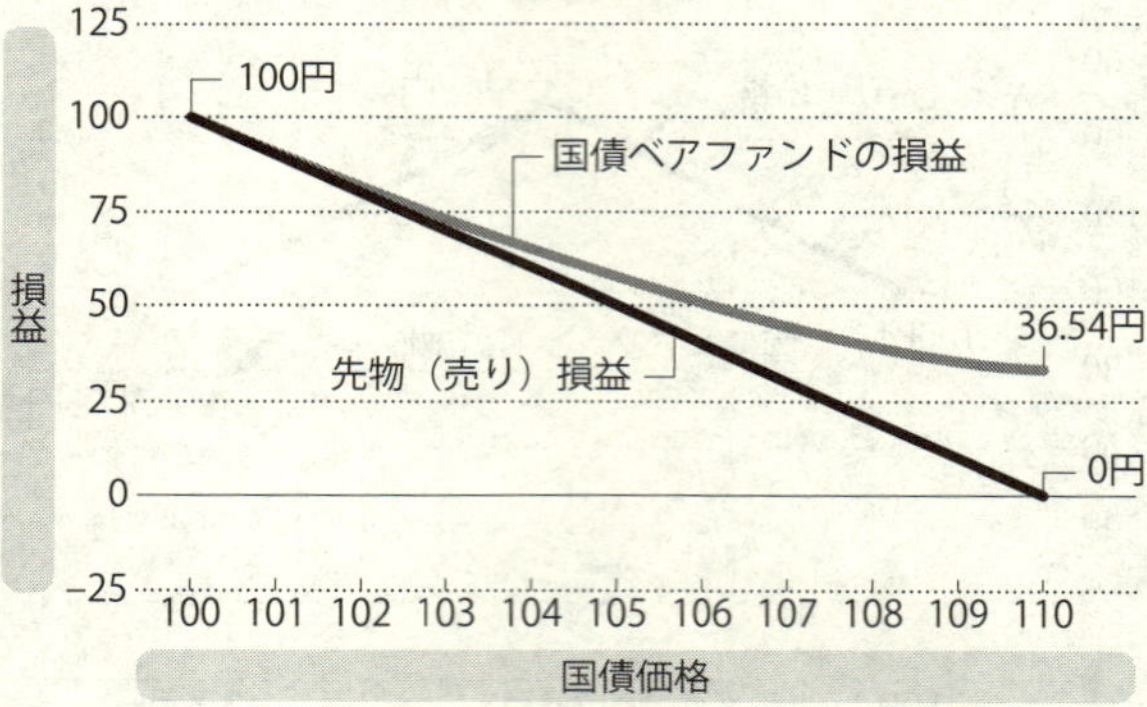

昇していく（ベアファンドで損失が拡大していく）ケースではどうなるでしょうか？

図表1は国債価格が100円から110円へと上昇していくときの、先物（売り）と国債ベアファンドの損益を表わしたものです。

10倍のレバレッジをかけた先物（売り）取引では、1日あたり10円の損失が生じますから、10日間で資金のすべてを失い、それ以上国債価格が上昇すると損益がマイナスになって追い証がかかります。

それに対して国債ベアファンドの基準価額は前日比をベースに計算されますから、10日たっても36・54円で、ゼロを下回ることはありません。

このように、先物（売り）取引と国債ベアファンドは、国債価格の下落から利益が生じる取引であることは同じですが、その価格の動き方はかなり異なります。国債価格が上下に細かく動く通常の相場では、国債ベアファンドはいつも損をしている（国債価格が下落しても利益が上がらない）一方で、国債価格が急騰する局面ではゼロを下回らないように損失が抑えられているのです。

■国債暴落で「宝くじ」になる

ここで、日本国内で販売されている2本の国債ベアファンドの基準価額の推移を見てみましょう。

最初は野村アセットマネジメントの「スーパーボンドベアオープン3」で、4倍のレバレッジをかけています（次頁図表J）。

ファンドが設定された2005年7月の1万円から、多少の変動はありますが、17年10月現在の3652円まで、約12年で基準価額が右肩下がりにほぼ3分の1になっていることがわかります。

次はT&Dアセットマネジメントの「日本債券ベアファンド」で、こちらは5倍のレバレッジをかけています（153頁図表K）。

チャートは2013年4月に新たに設定されたファンドですが、4年間で基準価額は1万円から6300円へと約4割下落しています。

図表Ｊ　スーパーボンドベアオープン3（野村アセットマネジメント）の基準価額の推移（2005年7月29日～2017年10月13日）

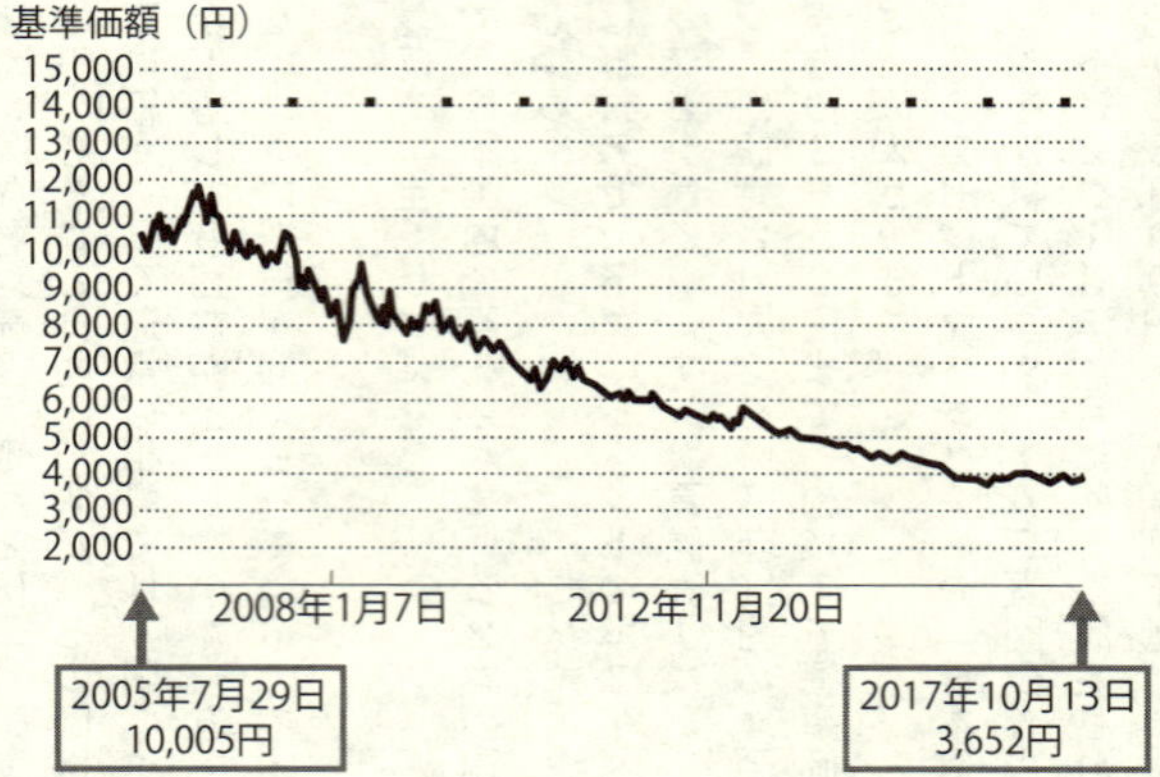

いずれの期間も金利は上昇（国債価格が下落）することなく超低金利がつづいていたわけですが、かといって国債価格が2倍や3倍になったわけではありません。

このように国債価格の大きな変動がなくても、ファンドの基準価額が右肩下がりに下落していくのは、レバレッジをかけたベア（ブル）ファンドの特徴です。またレバレッジの高い「日本債券ベア（5倍）」の下落率は、「スーパーボンドベアオープン3」（4倍）よりも大きくなります。

国債ベアファンドに投資する際は、こうした値動きの癖を頭に入れておく必要があります。いくら損失が限定されているからといっ

図表Ｋ　日本債券ベアファンド（Ｔ＆Ｄアセットマネジメント）の基準価額の推移（2013年4月12日～2017年10月8日）

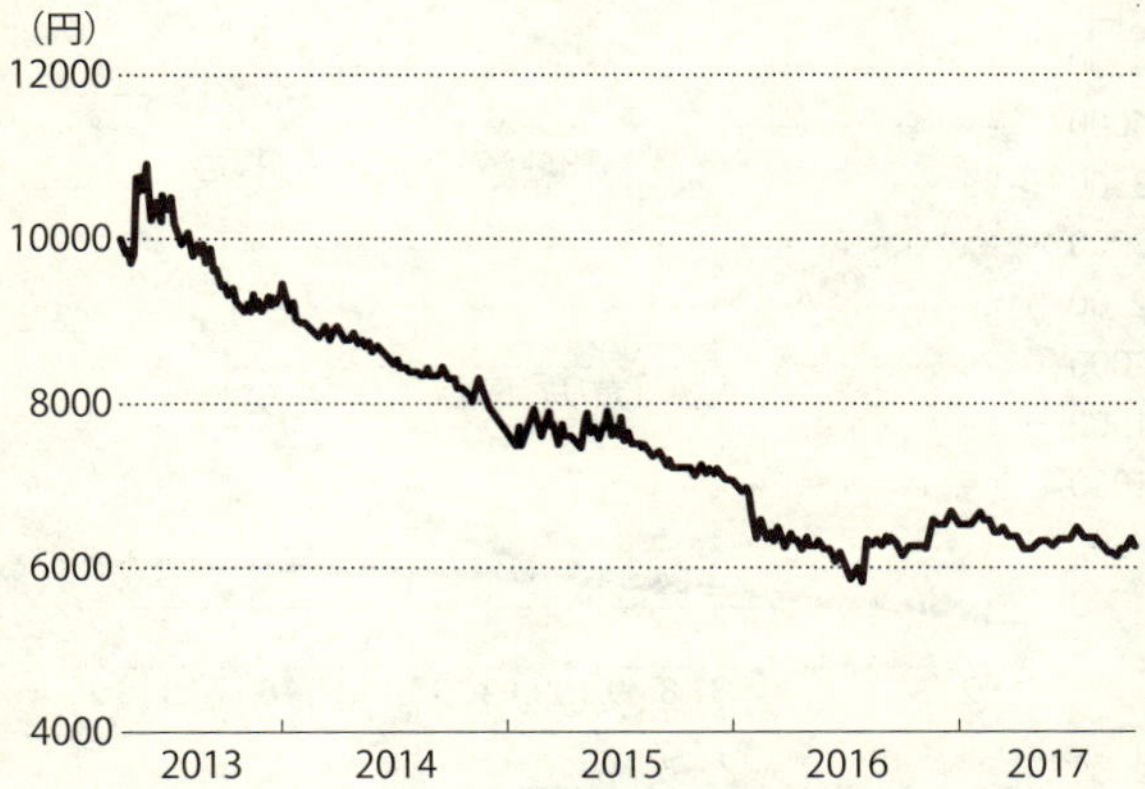

ても、現在の超低金利が長期に継続する場合は、５年で基準価額が半分になってしまいます。

その一方で、国債価格が大きく下落する「破滅シナリオ」になれば、国債ベアファンドの基準価額は指数関数的に上昇していきます。

次頁図表Ｌは、金利６％（価格１００円）のときにレバレッジ５倍で先物（売り）取引と国債ベアファンドに投資したとして、金利が１％から20％に変化したときの損益をプロットしたものです。この表を見ると、国債ベアファンドの魅力がよくわかります。

先物（売り）取引では金利３％でマイナス（追い証）になります

図表L　金利が一方的に上昇したときの先物（売り）取引と国債ベアファンドの損益

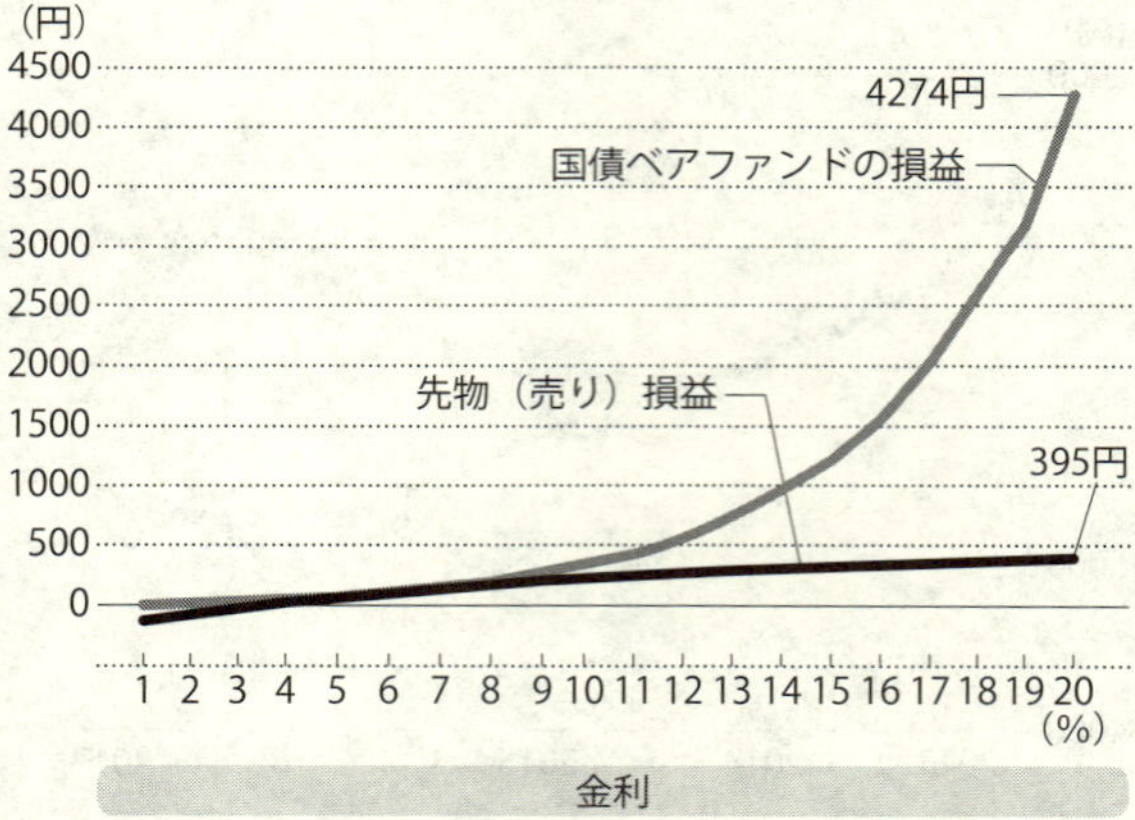

が、国債ベアファンドの基準価額は常にプラスです。

それよりも驚くべきは金利が急上昇（国債価格が暴落）していったときの国債ベアファンドの基準価額で、金利20％では先物（売り）の利益は約４倍（３９５円）なのに対し、４２７４円と40倍以上になっています。金利１％では国債ベアファンドの理論価格は８円ですから、金利10％（理論価格３２９円）で約40倍、金利20％（理論価格４２７４円）なら５３０倍です。

もちろんこれは一方的に金利が上昇（国債価格が下落）していくケースで、現実にはこのようなことはないでしょうが、それでも将来大きな市場の変動が起きたとき、国債ベアファンドが一種の「宝くじ」になることがわかります。

このような商品設計を考えると、国債ベアファンドは金利の上昇局面（破綻シナリオの第1ステージ）で購入し、基準価額が下落しても保険として割り切り、金利の上昇を待つのが投資戦略の基本となるでしょう。

コラム❻

為替リスクは長期的にはリスクではない

［コラム③］で、長期的には高金利の通貨は下落し、低金利の通貨は上昇して損も得もなくなるという金利平衡説を紹介しました。このことは、常識に反して、**「外貨資産に投資しても（長期的には）為替リスクは存在しない」**ということを意味します。

為替市場で金利平衡説が成立していることを直感的に理解するには、グローバル・ソブリン（海外の高格付けの国債）を例にとるとわかりやすいでしょう。

毎月分配型の草分けとして大人気を博したこのファンドは、当初（1997年12月）1万円で設定された基準価額が、2013年1月には5228円まで下落しました（年率マイナス4・27％）。これだけ見れば円高で大損しているようですが、その一方で、設定来の分配金の総額は7571円になります。これを加えると最初の1万円は15年間で1万2799円になったわけで、投資利回りは年率1・63％になります。

このように、日本国債を買ってもグローバル・ソブリンに投資しても、リスクが同じならリターンも同じになったわけで、効率的市場仮説（金利平衡説）の見事な証明となっています。

■「超円高」は円高ではなかった

図表Mは、日銀のデータから作成した1980年から2012年までの名目実効為替レートと実質実効為替レートのグラフです（1980年1月を100として指数化）。

実効為替レートというのは、ドル／円やユーロ／円のような特定の通貨との関係ではなく、為替市場全体のなかでの円の実力（価値）を表わすもので、それぞれの通貨のウエイトを貿易額などで調整して算出します。これが名目実効為替レートで、為替市場のなかでのドルのウエイトが大きいため、私たちが見慣れているドル／円レートによく似ています（このグラフでは、数値が大きくなると「円高」、小さくなると「円安」です）。

図表M　名目実効為替レートと実質実効為替レート

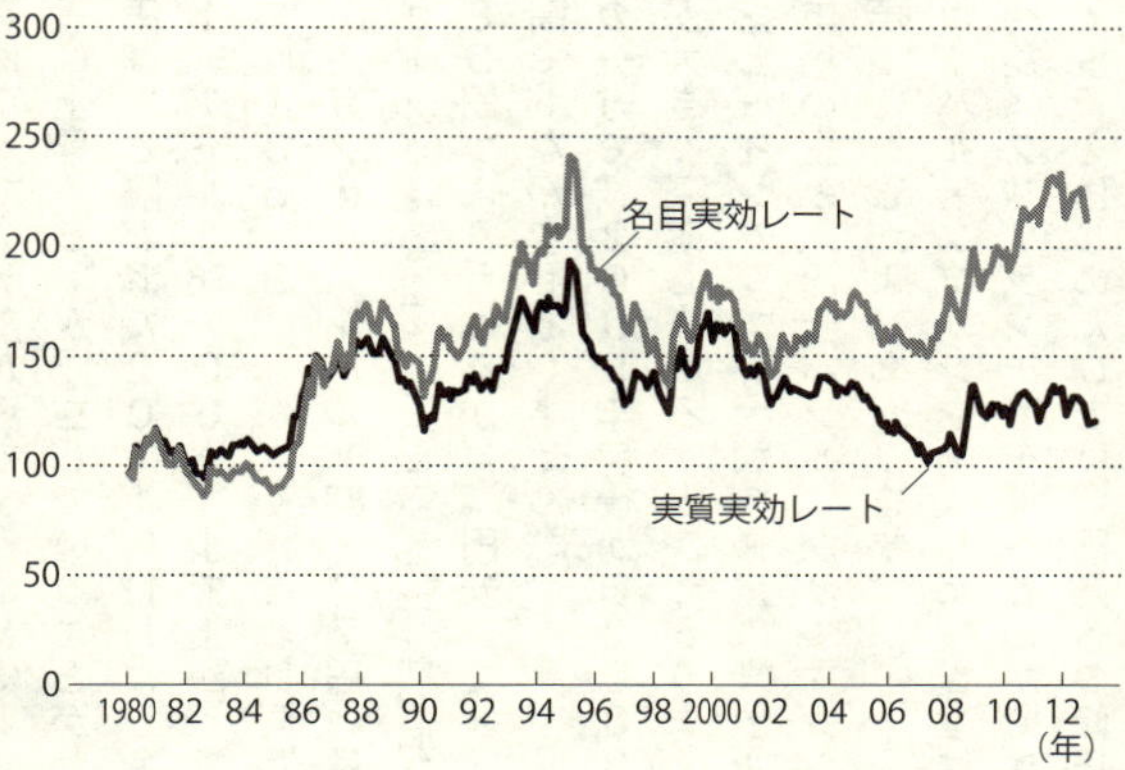

ただし貨幣の実質的な価値は、インフレ率によって変わってきます。これまで繰り返し述べたように、インフレなら貨幣の価値（使い手）は減りますし、デフレなら同じ金額でもより多くの商品が買えるようになるからです。そこで、インフレ率によって名目値を調整したものが実質実効為替レートで、これが為替市場における円のほんとうの実力になります。

このグラフを見ると、２０００年初頭までは名目実効為替レートと実質実効為替レートはほぼ連動して動いていますが、それから両者は大きく乖離《かいり》していきます。これは日本経済がデフレに陥り、それによって円の実質価値が変わらなくても名目値が円高になっていったからです。これによって、為替市場で購買力平価説（デフレなら通貨は上昇する）が成立していることがわかります。

「超円高」と騒がれた2011年11月に、名目レートはたしかに戦後最高値圏の231・1（1ドル＝76・06円）まで上がっていますが、インフレ率を勘案した実質レートでは135・3でしかなく、これは同じく「超円高」と騒がれた95年4月（実質レート192・4／1ドル＝83・77円）はもちろん、99年末（実質レート167・6／1ドル＝102・08円）や88年11月（実質レート158・1／1ドル＝121・85円）よりもはるかに〝円安〟です。インフレ率を勘案した実質実効レートでは円高でもなんでもありません。

その一方で、2005年前後から2008年のリーマンショックまで、実質実効レートが大きく下落していることがわかります。これが、デフレで低金利の通貨（円）が下落し、インフレで高金利の通貨（米ドルや豪ドル）が上昇した〝超常現象〟で、この市場の歪み（円安バブル）がリーマンショック後の円の急騰によって正常な場所まで戻ったことがよくわかります。

グローバル・ソブリンを購入した投資家は、この円安バブルの時期に売却すれば大きな利益（フリーランチ）を得ることができました。一方で、ファンドの好成績につられて投資をはじめたひとは、円高への修正局面で大きな損失を被ることになりました。そしてなにもせずに放置していた人は、理論どおり損も得もなくなったのです。

コラム❼

グローバルなインフレとローカルなインフレ

日本人は戦後の混乱期を除けばインフレに苦しめられた経験をしていません。高度成長期でもインフレ率はせいぜい５％程度で、73年の第一次オイルショックの影響で一時的に消費者物価が20％を超え「狂乱物価」と騒がれたのが唯一の例外です。

その影響からか、私たちはインフレを需要と供給の法則によってモノの値段が上がることだと考えています。オイルショックは、世界の石油生産をほぼ独占していたアラブの産油国が政治的な意図から石油の供給を減らしたことで引き起こされました。最近では「中国の経済成長にともなって資源価格や食糧価格はいずれ高騰する」といわれますが、これは中国の13億人のひとびとが先進国並みの暮らしをするようになると石油や穀物などの供給に対して需要が過大になると考えられているからです。

それに対してハイパーインフレと呼ばれるのは、モノの需給とは関係のない純粋な貨幣現象です。

歴史上最大のハイパーインフレは１９２４年のハンガリーで、１年間で物価は10の27乗倍になったとされています。１兆が10の12乗ですから、想像すらできないすさまじいインフレです。また第一次世界大戦後のドイツでは、戦時国債の乱発と賠償金支払債務でインフレと通貨の暴落が起こり、ドイツマルクの価値は１９２３年１月の１

ドル＝1万7972マルクからその年の11月には1ドル＝4兆2000億マルクへと約2億3000万分の1になり、この社会不安がヒトラー率いるナチスを登場させたことはよく知られています。

第二世界大戦後も1989年のアルゼンチンで年率3000%を超える物価の上昇が起き、またジンバブエでは独裁政治と経済の混乱から「計測不能」とされるハイパーインフレが発生し、ジンバブエドル紙幣は紙くずになって発行が停止されました。

ところでこうしたハイパーインフレでは、周辺の国に連鎖的にインフレが拡大していくようなことは起きていません。これはハイパーインフレが、一国内の貨幣供給量を原因とするローカルな出来事（貨幣現象）であることを示しています。

このように物価の上昇には、石油や食糧などの「世界商品」の価格上昇を原因とする「グローバルなインフレ」と、各国内の貨幣現象としての「ローカルなインフレ」があります。

「財政破綻にともなって金利の上昇と円安が高インフレを引き起こす」という「破滅シナリオ」は日本国内の貨幣現象で、石油や穀物などの価格とは無関係に発生します。

世界商品の取引通貨は米ドルですから、原油価格に連動するファンド（ETF）を保有していて、為替（ドル／円レート）が10%下落し、同時に原油価格が10%上昇すれば、合わせて20%の（円建て）利益を得ることができます。ところが為替が10%円安になっても、原油価格が10％下落すれば、為替差益は失われてしまいます。そして世界金融危機直後の商品市場は、経済的混乱で商品価格が大きく下落することを示しています。

このように考えると、財政破綻のヘッジに商品ファンド（ETF）を使うのは適切ではありません。私はこれまでインフレ対策のひとつとして商品ファンド（ETF）を挙げてきましたが、本書ではそれを撤回し、よりシンプルな物価連動国債と外貨預金を提案するのはこれが理由です。

ローカルなインフレで生活コストが上昇するリスクをヘッジするには、インフレ率に応じて元本が拡大していく物価連動国債を使うのが最適です。円安になれば石油や穀物の円建て価格は上がるでしょうが、それなら外貨預金でヘッジしても同じです。

もちろん、ジム・ロジャーズのように今後も商品価格は上昇していくと予想するなら（その後考えを変えたようですが）、商品ファンド（ETF）は有力な投資商品です。しかしその一方で、シェールオイル（ガス）革命で2026年にはアメリカがエネルギーの純輸出国になるという予測もあり、供給が過剰になればエネルギー価格は下落するでしょう。さらに、「世界の農地は余っており食糧危機は起こらない」という説を唱える専門家もいます（川島博之『「作りすぎ」が日本の農業をダメにする』日本経済新聞出版社）。

どちらの見解が正しいかは本書の範囲を超えますが、いずれにせよ、貨幣現象としての「ローカルなインフレ」に対して世界商品への投資が効果的なリスクヘッジにならないのは明らかです。

コラム❽

キャピタルフライトとはどういうことか?

「日本が財政破綻するとキャピタルフライトが起こる」とよくいわれますが、それがどのような事態を意味するのかは必ずしも明確ではありません。

ギリシアでは、ユーロから離脱するかどうかを決める2012年6月の再選挙を前にして、日本円に換算して1日あたり1000億円相当の銀行預金が引き出され、その大半はスイスなどの金融機関に流れたとされています。このように、金融資産の法的な所在地が国内から海外に移転することがキャピタルフライトの第一の定義です。

ギリシアの場合はユーロという欧州統一通貨を使っていますが、日本で同じようなキャピタルフライトが起きると、たんに円資産が国内銀行から海外銀行に移されるだけでなく、円から外貨への大規模な交換が行なわれることが予想されます。そのためキャピタルフライトは、「円資産が外貨資産へと流出していく」というイメージで語られることがあります。

しかし少し考えればわかるように、通貨の両替で円資産が減少することはありません。

ドル預金とは為替市場で円を売ってドルを買うことですが、そのときには必ず、反対取引をする（ドルを売って円を買う）相手が必要です。両替とはたんに通貨の持ち主が変わるだけのことですから、為替市場に流通する通貨の総量はなんの影響も受けません。

それでは、いったい何が変わるのでしょう。

キャピタルフライトで大きく動くのは、円の総量ではなく円の交換レートです。それが1ドル＝100円とすれば、1万ドルを100万円に交換できます。それが1ドル＝200円の円安になれば、100万円を手に入れるのに5000ドル（100万円÷200円）しか必要なくなります。このように円の総量は変わらなくても、為替レートの変動によって円の価値は大きく失われてしまうのです。

これがキャピタルフライトの第二の定義で、（円安によって）円という通貨の価値が大幅に減価しながら、円と外貨の両替が大量に行なわれます。

ところでこのとき、円を外貨に交換すれば為替差益によって利益を得ることができますが、外貨を円に交換すると為替差益で損をしてしまいます。いったい誰が、こんな非合理的な行動をとるのでしょうか？

財政破綻でキャピタルフライトが起きたとき、最大の円の買い手はおそらく日本国になるでしょう。円安が進めばインフレが昂進しますから、通貨の価値を守るために政府・日銀は大規模な円買い（ドル売り）介入に追い込まれます。一部の富裕層などが、その機会を利用して、手元にある円資産を外貨に両替するのです。

キャピタルフライトが終わると、日本人の資産構成は大きく変化しているはずです。

企業（法人）や個人の富裕層は、ドルなどの外貨建て資産を海外の金融機関に預けています。それに対して日本国（と大半の日本国民）が、いまやかつての数分の1（もしくは数十分の1）しか価値のなくなった膨大な円資産を抱え込むことになるのです。

第3部

急

第5章

財政破綻時の資産運用戦略

財政破綻が
現実のものになったら、
私たちは自分と家族を守るために
どのように行動すべきなのか？
日本人の資産ポートフォリオから
財政破綻時の
最適な資産運用戦略を考える。

ここまで、経済的なリスクは予測可能で、投資の経験があまりないごくふつうの日本人でも、資産運用の正しい知識さえあれば、手近な金融商品を使って財政破綻から大切な資産を守ることはじゅうぶん可能だという話をしてきました。国債価格の下落（金利上昇）から利益を得る国債ベアファンドや、インフレリスクをヘッジする物価連動国債ファンドは銀行や証券会社などで購入できますし、いまでは誰でも簡単にネット銀行に口座開設して、割安な為替手数料で外貨預金をすることもできます。

ところで、「破滅シナリオ」が第2ステージに入り、日本経済が恐慌に陥ったとき、私たちはどの程度の金融資産をどの金融商品に投資すべきなのでしょうか。「破滅シナリオ」の第1ステージまでは普通預金で問題ないとしても、金融危機が本格化し、金利の上昇と円安、インフレがスパイラル状に昂進するようになれば、すべてのひとがこの重大な決断を迫られることになります。

ヘッジすべき総資産を評価する

財政破綻時の資産運用戦略を考える前提として、保険（ヘッジ）をかけるべき円資産をあらかじめ確認しておく必要があります。資産評価にあたっては、円建て預金や日本株・国債だけでなく、時価評価した不動産や年金資産も加えなければなりませ

図表8　平均的な65歳の日本人の資産ポートフォリオ

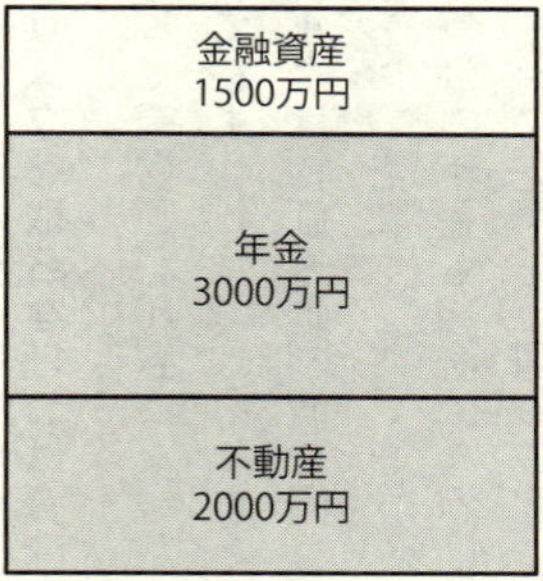

ん。社員持株制度で保有している自社株や、将来相続する資産も考慮するべきでしょう。
　もういちど、平均的な65歳の日本人の資産ポートフォリオを見てみましょう（図表８）。１５００万円の金融資産以外に、２０００万円相当の不動産と３０００万円相当の年金資産（年金受給権）を保有しています。「破滅シナリオ」で危機に晒《さら》されているのは１５００万円の金融資産だけではなく、不動産と年金資産を加えた６５００万円相当の円資産のすべてです。
　ところで６５００万円というのは、１ドル＝90円で換算すると約70万ドルに相当します。70万ドルの資産を持つひとが生活できない世界は想像できませんが、物価が10倍になる高インフレに襲われたら、（モノの価値が

10倍になるのですから）お金の価値は10分の1になって、6500万円の円資産の実質価値は650万円相当になってしまうかもしれません。そんなことが現実に起きれば、日本人のほとんどが路頭に迷ってしまいます。リタイアしたひとにとって、いまある資産の実質価値を守ることが最大の目的であることはいうまでもありません。

リスクを取らなければ資産は守れない

ところで、物価が10倍になったからといって、資産の実質価値がいきなり10分の1になってしまうわけではありません。

公的年金は物価連動国債と同じく、インフレに応じて支給額が増える（想定元本が拡大する）設計になっていますから、商品設計上は、インフレで生活コストが10倍になれば毎月の年金も10倍になるはずです（実際には、マクロ経済スライドで支給額の伸びはインフレ率を下回ることになります）。

もちろん、これでは話がウマすぎると思うひともいるでしょう。インフレの分だけ年金が増えるなら、国家の年金債務もそのぶんだけ増加して、日本の財政問題はなにひとつ解決しないからです。日本の財政が破綻すれば、年金支給額の大幅減額や健康保険・介護保険の保険料・自己負担率の大幅引き上げは避けられないでしょう。

しかしその一方で、どれほど悲観的になったとしても、社会保障制度が破綻・清算されて年金を1円も受け取れなくなったり、医療費が全額自己負担になるような極端な未来を想定する必要はありません。

人類の歴史上、財政破綻によって消滅した国家はありません。ギリシアのように、過去に繰り返しデフォルトしている国もあります。財政破綻後も日本国は継続し、最低限の社会保障は提供されるでしょう。そこでここでは、財政破綻で年金資産の3〜5割が毀損《きそん》すると想定します。

同様に2000万円の不動産資産も、物価が10倍になれば10分の1の200万円相当の価値しかなくなってしまうわけではありません。銀座や六本木など一等地の不動産価格が大きく値下がりすれば海外の投資家がこぞって買いに来るでしょうから、地価の下落はどこかで必ず止まります。株価も同様で、日本が財政破綻したからといってソニーやトヨタが二束三文《にそくさんもん》で買収できるようにはなりません。金融市場は投資家の思惑で乱高下しますが、最後は必ず実物資産の価値に収斂《しゅうれん》するのです。そう考えれば、(地域にもよるでしょうが)不動産資産の価値も半分程度が失われると考えておけばいいのでしょう。

ポートフォリオの固定資産(不動産＋年金)5000万円のうち、財政破綻によって最大で2500万円相当の価値が毀損する可能性があります。だとすれば、この損失を1500万円の金融資産を運用して埋め合わせればいいのです。

これは1500万円の金融資産を4000万円相当に増やせばいい（1500万円＋固定資産の損失2500万円）ということですが、「国家破産」という異常事態のなかで実質金融資産を3倍近く増やすのは、不可能ではないもののなかなか厳しい目標です。

金融資産1500万円全額を物価連動国債ファンドに投資すれば、インフレによる資産価値の減価を防ぐことはできるでしょうが、実質的な利益が生まれるわけではありません。名目の金融資産が1億5000万円になっても、物価（生活コスト）が10倍になれば、金融資産の実質的な価値はまったく変わらないからです。

これはあくまでも大雑把な設定ですが、それでも重要なことを教えてくれます。資産ポートフォリオのうち固定資産が大きいと、金融資産でリスクを取らないかぎり、財政破綻から資産を守ることはできません。

リスクのない金融商品から超過利潤は生まれません。「破滅シナリオ」の第2ステージでは、もはやヘッジ（保険）だけを考えているわけにはいかないのです。

私たちは、最後にはリスクを取らなければなりません。

固定資産を流動資産に変える

金融資産を増やすには、大きく3つの方法が考えられます。

①投資元本を大きくする
②リスクを取って投資利回りを上げる
③投資にレバレッジをかける

このうち投資元本を大きくするのがもっとも確実ですが、はたしてそんなことができるのでしょうか？

ポートフォリオの固定資産のうち、年金資産は現金化がほぼ不可能です（年金を担保に公的な融資を受けることは可能ですが、お勧めはしません）。それに対して不動産は、売却してしまえば現金化できます。それを全額物価連動国債ファンドに投資すれば、1500万円の金融資産と合わせて3500万円相当をインフレヘッジできます。

「そんなことをしたら住む場所がなくなる」と不安に思うひともいるかもしれません

が、ファイナンス理論では不動産は金融商品の一種ですから、不動産を保有するのも株式や債券などに投資するのも原理的には同じことです。不動産を売却して賃貸住宅に住み替え、株式や債券の配当で家賃を支払うようにすればいいだけだからです。

この主張はにわかには納得できないでしょうから、その理屈を説明しておきます。

不動産の割引率を5％とすると、2000万円相当のマイホームの価値は、年間の賃料100万円（2000万円×5％）＝月額家賃8万3000円相当の賃貸住宅と同じです。

このとき、不動産を売却した2000万円で利率5％の債券を購入したとしましょう。マイホームの投資利回り（割引率）が5％で、証券投資の投資利回りも5％ですから、この取引は損も得もありません。証券投資から受け取る年間100万円の配当で、マイホームと同程度の住宅（もしくは売却した相手からリースバックしたマイホームそのもの）を借りることができます。もちろん現実には、5％の安定した収益が得られる投資機会はそうはありません。それに対してマイホームから5％の（ヴァーチャルな）家賃が受け取れるなら、こちらのほうが優れているのは明らかです。

マイホームの購入は、特定の不動産物件にレバレッジをかけて投資する非合理的な投資行動です（タマゴをひとつのカゴに盛る）。しかし購入した物件が一定の価値を有しているのなら、ハイリスクなギャンブルに成功したことになりますから、それを売却して別のリスク資産に買い換える必要はないわけです。

ところが不況下でインフレが進行すると、不動産の価格が大きく下落してしまいます。このようなときは不動産を保有しつづけて損失を被るより、現金化して実質価値を保全したほうがいいのは明らかでしょう。

資産の大半が固定資産だと、財政破綻のような経済的な混乱を前になす術《すべ》がなくなってしまいます。不動産を売却して現金化しようとしたら何ヵ月もかかりますが、ネット銀行に口座があればクリックひとつで現金全額を外貨に両替できます。流動性の高い金融資産はどんなものにも投資でき、そのときどきの経済環境に合わせて最適なヘッジが可能になるのです。

なお、リバースモーゲージといって、自宅を担保に金融機関から融資を受けて不動産を現金化する方法もありますが、現在は取り扱っている銀行や自治体が少なく、融資も変動金利のみとなっているため、金利の上昇局面ではお勧めできません。

外貨預金でリスクを取る

財政が破綻して経済的な混乱が起きると、資産を不動産で持つことのリスクが顕在化します。しかし現実にはマイホームをかんたんに売却できないひとが大半でしょうから、そのときはリスクをとって金融資産の投資利回りを上げる必要があります。

リスクのある資産運用のひとつが外貨預金で、円安になれば利益（為替差益）が、円高では損失（為替差損）が生じます。

ところで「コラム⑥」で、「（長期的には）為替レートは異なる通貨間で損も得もないように調整される」と述べました。だとすれば、外貨預金のリスクとともに超過利潤も消えてしまうはずです。これについてはどのように考えればいいのでしょうか。

現在が1ドル＝100円として、物価が10倍になると同時に1ドル＝1000円の超円安になったとしましょう。このとき外貨に両替した1500万円を円に戻すと名目価値は10倍の1億5000万円になっているはずですが、物価も10倍ですから金融資産の実質価値は変わりません。市場が完全に効率的ならば外貨預金で実質資産を増やすことはできませんから、為替市場でリスクを取るよりも物価連動国債で確実にインフレリスクをヘッジしたほうがはるかにマシです。

ただし現実には、為替レートはインフレ率よりもはるかに動きが速く、国内の物価が上昇するよりも先に、将来のインフレ（と財政破綻）を予測して円は大きく下落するでしょう。その円安が輸入物価を押し上げてさらにインフレを加速させる、というスパイラルで高金利・円安・高インフレの「財政破綻後の世界」がやってくるのです。この予想が正しいとすると、「破滅シナリオ」の第2ステージで外貨を保有していれば、インフレの進行に先んじて円安による為替差益を獲得できます。

物価連動国債は原理的に実質価値の増加をもたらしませんが、(投資のタイミングさえ間違えなければ) 外貨預金からは超過利潤が期待できます。金融資産全体のうちで外貨預金の比率を増やすのは、財政破綻時の有効な投資戦略のひとつです。

とはいえ、長期的には損も得もない外貨預金は投資対象としてそれほど優れているわけではありません。超過利潤を求めてリスクを取るのであれば、株式市場に投資するのがやはり王道です。本書では株式投資の戦略は論じませんが、参考までに「コラム⑨」で、ドルコスト平均法で海外市場に分散投資する「経済学的にもっとも合理的な投資法」を紹介しておきます。

国債ベアファンドの優位性

リスクを取って超過利潤を獲得する3つめの方法はレバレッジをかけることです。

平均的な65歳の日本人の資産ポートフォリオでは、円資産全体の6500万円に対してヘッジに利用できる金融資産は1500万円と2割程度しかありません。しかしこの金融資産に2倍のレバレッジをかければ、ポートフォリオの4割をカバーできます。投資にレバレッジをかけるメリットは利益が2倍になることで、デメリットは損失も2倍になってしまうことです（レバレッジについては第6章で説明します）。

このように考えると、損失を限定したうえで国債価格の下落に4〜5倍のレバレッジをかけられる国債ベアファンドは、財政破綻の投資戦略としてきわめて優れています。［コラム⑤］で述べたように、レバレッジをかけた国債ベアファンドは、国債価格が大きく下落すると指数関数的に利益が増えていくからです。「国家破産」のときに国債ベアファンドを保有していることは、宝くじを当てたのと同じなのです（言葉は悪いですが）。

ただし、国債ベアファンドの損益予想はあくまで計算上のもので、実際にそうなるかどうかは誰にもわかりません。

これはファンド設定以来、国債価格が大きく下落（金利が高騰）したことがいちどもないからです。またレバレッジをかけた国債ベアファンドは、金利が変動しなくても基準価額が減価していきますから、現在の低金利が長期につづくと大きな損失になる可能性があることも留意してください。

資産の8割はヘッジできる？

1500万円の普通預金を物価連動国債ファンド、外貨（米ドル）預金、国債ベアファンドに分散して「破滅シナリオ」の第2ステージに備えたとしたら、どの程度のヘッジが可能になるのでしょうか。

物価連動国債ファンドに預けた500万円は、リスクもない代わりに実質価値も変わりません（国家の信用力が継続していれば）。

外貨預金は円高による為替差損のリスクがありますが、日本の財政破綻が現実のものになればいずれは大幅な円安になるでしょうから、円安の幅を3割（現在を1ドル＝100円として1ドル＝130円）から5割（1ドル＝150円）とすれば、500万円の投資資金は650万〜750万円に増えることになります（さらに円安が進めば為替差益も大きくなります）。

国債ベアファンドの基準価額をシミュレートするのは困難ですが、ここでは500万円の元手が3倍から5倍になったとしましょう。金利が5〜6％まで一方的に上昇すれば、レバレッジ5倍の国債ベアファンドの理論価格は約10倍になりますが、商品特性上、国債価格が乱高下することでパフォーマンスが落ちるからです。

３つの金融商品を使ったこのシンプルな投資戦略で、１５００万円の金融資産の実質価値は、物価連動国債ファンド５００万円、外貨預金６５０万〜７５０万円、国債ベアファンド１５００万〜２５００万円となって、２６５０万〜３７５０万円相当まで増えることになります。固定資産（不動産・年金）が最大で２５００万円毀損したとしても、ポートフォリオ全体では資産の80％超はヘッジできたことになります。

なお、外貨預金や国債ベアファンドの実質価値は、名目の投資利回りからインフレ率を引いたものになります。とはいえ、急速な円安局面ではインフレ率は為替レートの変化に大きく遅れますし、レバレッジをかけた国債ベアファンドから得られる利益の大きさ（２００〜４００％）に比べれば、インフレ率は実質利益にほとんど影響を与えませんからここでは無視します。

財政破綻にともない、物価以外にもさまざまな生活コストが上がることが考えられます。もっとも可能性の大きいのが増税（健康保険・介護保険の自己負担率の引き上げや保険科増額を含む）です。それらを考慮すると経済的・政治的混乱で失われる資産はさらに大きくなりますが、それでも（現在の価値で）４０００万円程度の資産は残るでしょう。これならぜいたくはできないとしても、なんとか生き延びていくことができます。

財政破綻は人々に甚大な影響を与えますが、適切な準備さえしておけば、ごくふつうの日本人が生きていくことさえできなくなるようなことにはならないのです。

金融資産より大事な人的資本

この章では、リタイアした（65歳の）日本人の典型的な資産ポートフォリオをもとに、財政破綻の投資戦略を検討しましたが、それでは30代、40代の現役のひとたちはこの問題をどのように考えればいいのでしょうか？

ここで「40歳のサラリーマンの資産ポートフォリオ」を再掲します（次頁図表9）。マイホームを購入したひとはほとんど金融資産を持っていませんから、財政破綻のリスクを金融商品でヘッジすることができません。しかしだからといって、いたずらに不安を募らせる必要はありません。

「国家破産」による不動産価値の減価を最大で5割とするなら、マイホームから1000万円相当の損失が生じます。しかしこの損失は、40歳の日本人が持っているであろう1億3000万円の人的資本の1割にもなりません。経済的な混乱による金融資産や不動産資産の損失は、資産ポートフォリオにほとんど影響を与えないのです。

逆にいうと、サラリーマンであれ自営業者であれ、労働市場から富を獲得できなく

図表9　40歳のサラリーマンの資産ポートフォリオ

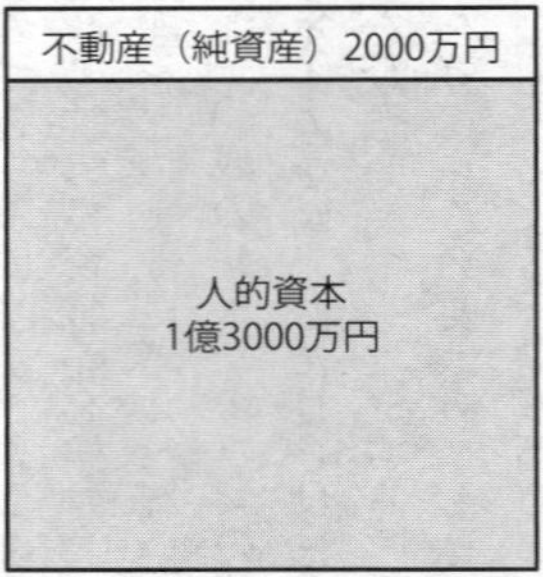

なって人的資本が失われてしまうと、わずかな金融資産ではその損失を取り戻すことはまったく不可能です。30代、40代のひとたちにとっての最大の「国家破産」対策とは、どのような環境になっても仕事をしてお金を稼ぐことのできる人的資本をつくっていくことなのです。

ただしこの「正論」以外に、金融商品から1億円以上の利益を獲得して人的資本の損失をカバーできる可能性がひとつだけ残されています。それはデリバティブを利用して大きなレバレッジをかけ、価格の変動に賭けることですが、それについては次章で扱うことにしましょう。

コラム ❾

世界市場に効果的に分散投資する方法

「国家破産」による個人の資産ポートフォリオの毀損《きそん》を補うためには、金融資産でリスクを取る必要があります。本文では外貨預金によって為替市場からリターンを得る方法を紹介しましたが、それだけでは利益に限界があります。

そこでここでは、株式市場を利用する方法を考えてみましょう。

日本の財政が破綻すれば深刻な金融危機が起き、国内の株式市場は大荒れとなって日本株は暴落するでしょう。日本はＧＤＰで世界第３位の経済大国ですから、その経済が大混乱に陥れば世界の株式市場も大きな影響を受けることは間違いありません。そんなときに株式に投資するのは自ら進んで損をするようなものではないか、そう思うひとも多いでしょう。

しかし、世界の株式市場が大きく下落するときこそ投資の絶好の機会かもしれません。

■日本人の海外投資に最適なＥＴＦ

ここではまず、世界の株式市場に分散投資するＥＴＦ（上場型投信）の「ＡＣＷＩ（オール・カントリー・ワールド・インデックスＥＴＦ）」と、そこから日本株を除いた「上場MSCI世界株（1554）」が個人投資家にとってきわめて有用な金融商品であることを説明します（これについてはこれまで何度も述べてきたことなので、知っている方は読み飛ばしてください）。

「MSCI」はモルガン・スタンレー・キャピタル・インターナショナル社が算出する世界の株価指数で、「MSCI全世界指数」はアメリカ、ヨーロッパ、日本などの先進国市場ばかりかBRICS（ブラジル、ロシア、インド、中国、南アフリカ）など新興国市場も含めた全世界の株式市場の指標として開発された、いわばグローバル市場の縮小コピーです。

2008年3月にニューヨーク市場に上場されたACWIはこのMSCI世界指数に連動したETFで、その価格は1株約70ドル（2017年12月現在）ですから、わずか8000円で新興国を含む世界じゅうの主要株式市場を時価総額に応じて保有することができます。このなかにはマイクロソフトやグーグル、アップルはもちろん、トヨタやソニー、中国工商銀行やタタ・モーターズ、南アフリカで貴金属を採掘するアングロ・アメリカン社に至るまで、思いつくかぎりほぼすべての会社が含まれています（同様の世界株ETFとして、「VT（ヴァンガード・トータル・ワールド・ストックETF）」があります）。

ACWIの優れたところは、通貨の分散まで自動的にやってくれることです。

ACWIは米ドル建てで取引されますが、その資産ポートフォリオには、アメリカ企業（米ドル）だけでなく、ヨーロッパ（ユーロ）やイギリス（ポンド）、日本（円）、中国（人民元）、ロシア（ルーブル）、インド（ルピア）、ブラジル（レアル）などの企業が株式市場の時価総額に応じて含まれています。通貨の価値は相対的なものので、いずれかの通貨が下落すれば他の通貨は上昇しますから、すべての通貨を含む世界株ポートフォリオは為替リスクに対して理論的に中立です。

もちろん2008年のリーマンショック後は株価が50％も下落しましたから、「ACWIを買えば必ず儲かる」などということはありません。ただ、「世界の株式市場の時価総額に合わせて通貨を分散投資する」などということを個人で（機関投資家でも）やろうとしても不可能ですから、それを勝手にやってくれるACWIはやはり画期的な金融商品なのです。

さらに2011年3月、東証に「上場MSCI世界株」（1554）が上場されました。これはACWIから日本市場を除いた株価指数に連動するETFで、日本の個人投資家のニーズに最適化されています（日本人投資家はたいてい日本株を別に保有しているので、ACWIでは日本株の比重が高くなってしまうのです）。

これまでACWIに投資するには、アメリカの証券会社に口座を開設するか、日本のオンライン証券会社などで外国株取引をするほかありませんでした。以前に比べれば格段に敷居が低くなったとはいえ、大半のひとにとっては外国の金融機関を利用したり、外貨建てで投資をするのは不安かもしれません。その意味で、日本株と同様に円建てで取引しながら世界市場に投資できるこのETFは、金融資産をグローバルに分散したい個人投資家にとって〝究極の金融商品〟ともいえるものです（円をドルに替える手間が不要なうえに為替両替コストがきわめて低く、ネット証券を使えば売買手数料も格安です）。

ここであらためて確認しておくと、「上場MSCI世界株」は円建てで取引されていても、すべての資産が外国株で構成されています。当然、円の価値が下落すれば外貨の価値は上昇しますから、円安で株価は上がります（逆に円高で株価が下がります）。これによって、個人の金融資本を日本国のリスクから完全に切り離したうえで、なおかつ世界市場の成長に賭けることができるのです。

ただし残念ながら「上場MSCI世界株」はまだ知名度が低く、売買高が1日1万株に満たないことがほとんどです。それを考えれば、現時点では流動性の高いニューヨーク市場のACWIに優位性がありますが、今後より多くの人が「上場MSCI世界株」の有用さに気づけば売買高も増えてさらに魅力が増すことでしょう。

■株式投資に〝死亡記事〟を書く

それでは次に、「ACWI」あるいは「上場MSCI」の効果的な投資法を考えてみましょう。

まず事実として、2000年のインターネットバブル崩壊以降、日本株はもちろん

図表N　1990〜2012年の株価の推移（ドル建て）

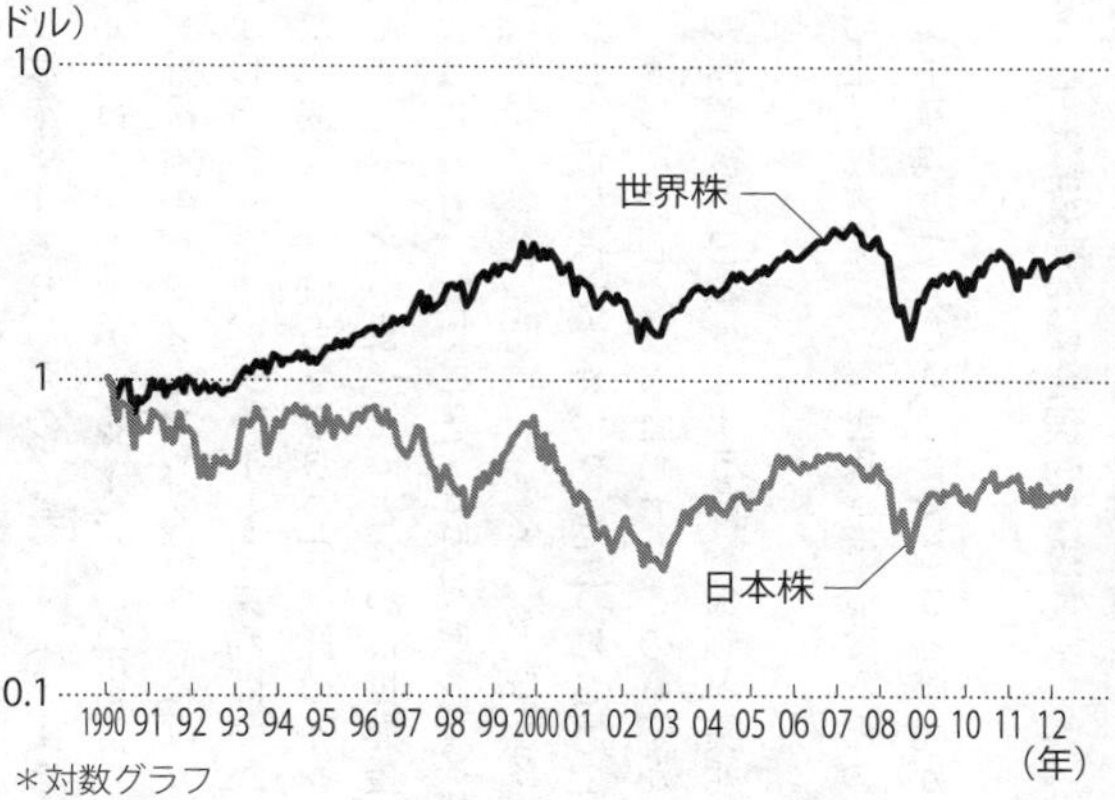

＊対数グラフ

世界市場の株価も上昇のペースが下がっています。

図表Nは１９９０年１月に日本株（日経平均）と世界株（アメリカ、ヨーロッパなどの先進国市場）に１ドルを投資したとして、２０１２年末までのパフォーマンスを比較したものです（日本株のチャートがふだん見慣れているものとちがうのは、ドル建てで換算しているからです）。

バブル崩壊後、日本株はずっと低迷し、インターネットバブル崩壊と金融危機の再燃で日経平均が８０００円を割った２００３年４月には、ドル建てで０・２５ドルと４分の１になってしまいました。２０１２年12月でも０・４７ドルと半分以下で、投資利回りは年率マイナス３・

66%です。それに対して世界株投資は2・48ドルと2・5倍に増えており、投資利回りは年率4・57%の上昇です（データの都合上、世界株には中国、インド、ブラジル、ロシアなどのエマージング市場は入っていません。これら新興国を加えると、海外投資のパフォーマンスはさらに高くなります）。

しかしその一方で、チャートを見ればわかるように、アメリカ・ヨーロッパを中心とした先進国の株価も2000年初頭のインターネットバブル崩壊から10年たってもほとんど上昇していません。とりわけ世界金融危機以降はこうした傾向が強く意識されるようになり、「債券王」と呼ばれる著名投資家ビル・グロスが2012年8月、「株式投資に〝死亡記事〟を書くべき時期が来た」と述べて話題になりました。

しかし、仮に株価がかつてのように右肩上がりで上昇しなくなったとしても、いったん下落した株価が持ち直しているのも確かです。グローバル市場はいまだ健在で、バブル崩壊後の日本株のように、株価が長期にわたって低迷するようなことは起きていません。

このように考えると、世界金融危機などのバブル崩壊で株価が下落したときに、ドルコスト平均法でACWIに投資する戦略が描けます。

■もっとも経済学的に合理的な投資法

ドルコスト平均法は毎月定額を積み立てていく投資法で、リスクを減らす効果があ

図表O　ドルコスト平均法は有効か？

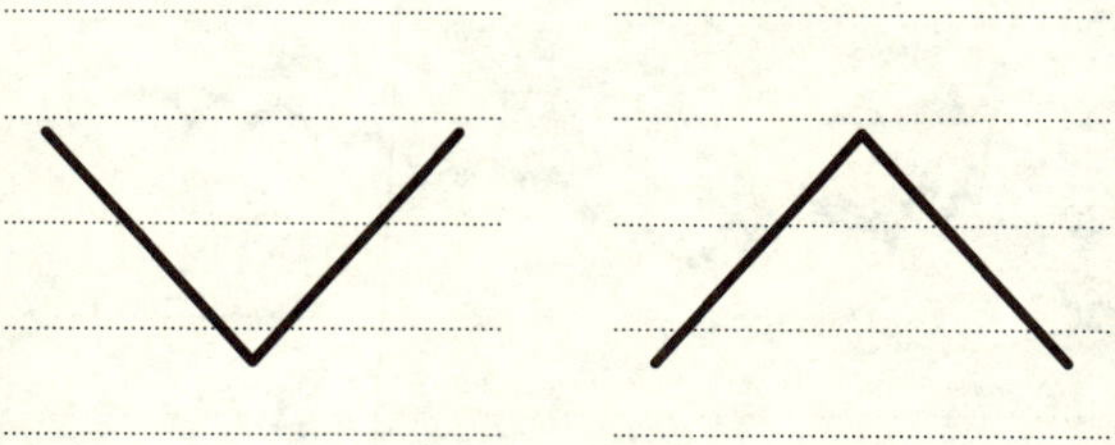

株価が下落した後に上昇すれば、平均購入単価を引き下げて利益を最大化できる

株価が上昇した後に下落すれば、平均購入単価は割高になっているので、損失が生じる

るとして勧めるひともいれば、株のナンピン買いと同じだと否定的な意見を持つひともいます。

たとえばある株を持っていたとして、値段が下がったところでさらに買い増せば（これがナンピン買いです）、平均購入単価が下がって、株価が上昇したときに利益が出やすくなります。しかしすぐに気づくように、この方法では投資額がどんどん大きくなってしまうので、予想に反して株価が下がりつづけると損失が際限なく膨らんでいきます。このような理由で、ナンピン買いはむかしから投資の下策とされてきました。

しかしこの指摘は、個別株投資では正しいかもしれませんが、株価指数には当てはまりません。株価指数

図表P　ＡＣＷＩ株価（2008年9月～2009年12月）

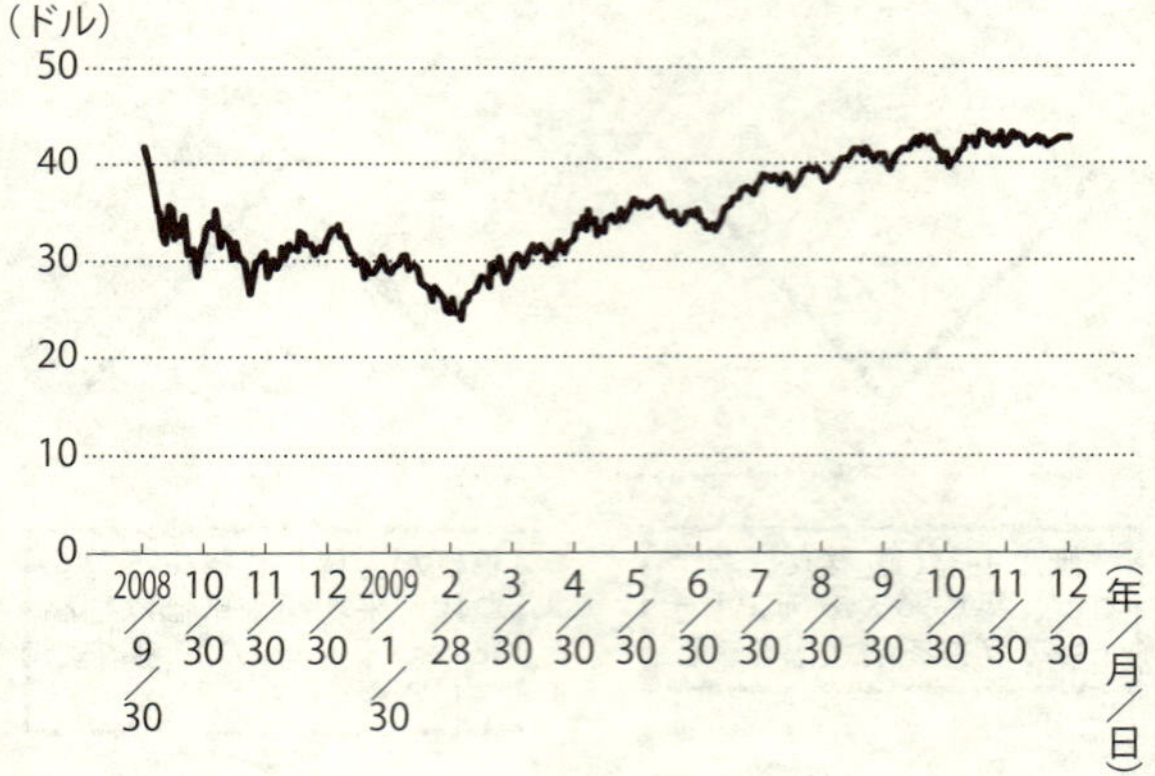

は市場全体の平均なのでその価値がゼロになることはなく、世界市場の縮小コピーであるＡＣＷＩが紙くずになるときにはこの世から株式市場が消滅している（そしておそらくは人類が滅亡している）わけですから、ほかになにをしても無駄です。

ドルコスト平均法がもっとも有効に機能するのは、株価が下落しているときに投資を開始し、株価が戻ったら利益を確定することです。それとは逆に株価が上昇しているときに投資を開始し、その後に株価が暴落すると、購入単価が高くなっている分だけ損失が拡大します（前頁図表Ｏ）。そう考えれば、バブル崩壊こそがドルコスト平均法でＡＣＷＩに投資する最大のチャンスです。

図表Q　ＡＣＷＩにドルコスト平均法で投資したときの損益

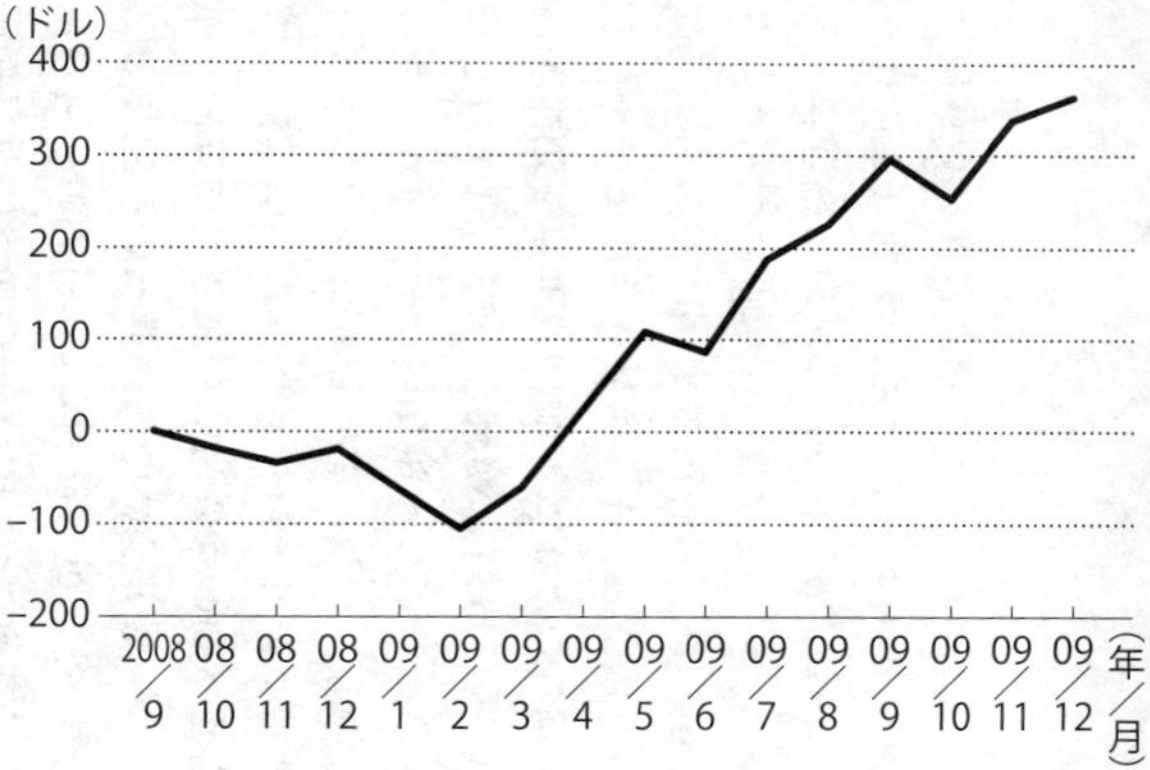

図表Ｐは、リーマンショック直後の２００８年９月末から２００９年12月末までのＡＣＷＩの株価チャートです。これを見るとわかるように、株価は２００９年３月にかけて下落していきますが、その後は上昇に転じ、２０１２年末にはほぼリーマンショック前の水準まで戻しています。

図表Ｑは、２００８年９月から２００９年12月まで毎月１００ドルずつＡＣＷＩにドルコスト平均法で積み立てたときの損益です。

株価の下落にともなって２００９年２月には１００ドルを超える累積損失（投資利回りマイナス17・58％）になりますが、４月にはプラスに転じ、12月末には累計１５００ドルの投資に対して361・57ドルの利益をあげています。年利回りに換算して18・86％ですから、「100年にいちどの金融危機」（アラン・グリーンスパン元FRB議長）の時期にしては素晴らしい投資パフォーマンスといえるでしょう。

難をいえば株式市場が予想よりも早く回復してしまい、危機がもっと長引いていれば投資成績はさらに上がったことになります。世界市場の持続的成長を前提とするACWIドルコスト投資法では、バブル崩壊の谷は深ければ深いほどいいのです。

ACWIドルコスト投資法のいちばんのメリットは株価が右肩上がりに上昇しなくてもいいことで、日本の財政破綻や中国の不動産バブル崩壊、ユーロ危機の再発など、世界経済が波乱に見舞われるたびに同じ手法が使えます。資本主義がバブルの生成と崩壊を繰り返しながら、それでも長期的には世界市場を拡大させていくと考えるならば、保守的な投資家にとって、おそらくはこれが経済学的にもっとも合理的な投資法になるでしょう。

なお、株価の下落を待つこの投資法では、90年代のアメリカ市場のように、株価が長期にわたって右肩上がりに上昇すると大きな機会費用（投資しなかったことの損失）が生じることになります。

第6章

経済的リスクを“奇跡”に変える

金融テクノロジーの粋を集めた
デリバティブを使えば、
「国家破産」の経済的リスクから
“奇跡”を生み出すことができる。
いつの日かあなたの人生に、
マーケットで一世一代の大博打を
打たなければならない激変が
襲いかかるかもしれない。

ここでは、デリバティブ（金融派生商品）を使って日本国の財政破綻から資産を守ると同時に、株価や為替の大きな変動から利益を得る戦略を紹介します。具体的には、ＦＸ（外貨証拠金取引）、金融先物・オプション取引と、（これはデリバティブではありませんが）株式の信用取引です。

デリバティブは個人投資家にとってきわめて有用な金融商品ですが、切れすぎるハサミと同じく使い方によっては大きな損害をもたらすこともあり、初心者が安易に手を出すことはお勧めしません。「自分には不要だ」とお考えの場合は、この章を読む必要はありません。

説明は可能なかぎり簡略化していますが、仕組みそのものが直感的に理解しづらいものもあると思います。しかしどれも、小学校高学年レベルの算数（四則演算）で理解できる話です。

リスクを〝奇跡〟に変える戦略① ＦＸでレバレッジをかける

すべてのデリバティブ（および信用取引）の基本はレバレッジです。レバレッジは「梃子《てこ》」のことで、小さな元手で大きな取引をすることをいいます。

ここでは、急速に利用者が増えているＦＸでレバレッジの仕組みを説明します（Ｆ

Xもデリバティブの一種です）。

投機性の高いFXは、金融庁の規制強化によってレバレッジ率が最大25倍（2017年現在）に制限されました。とはいえ、ハイリスクな投資の代名詞になっている信用取引はレバレッジ率が最大3・3倍ですから、FXを使えば高いレバレッジがかけられることは変わりありません（規制前はレバレッジ率300倍で取引できる業者もありました）。

投資におけるレバレッジとは「ヴァーチャルなお金を借りること」です。元本を100万円として、レバレッジ率3倍なら300万円を投資することになりますから、差額の200万円は〝借金〟になるわけです。

ここでは1ドル＝100円として、100万円を元手（証拠金）にFXに20倍のレバレッジをかける取引を考えてみましょう。

レバレッジ率20倍ですから、投資資金は2000万円（100万円×20）で、1900万円を借金することになります。この2000万円を米ドルに両替すると20万ドルになります（2000万円÷100円）。

その後、1ドル＝110円へと10％の円安になったとしましょう。このとき保有する20万ドルを円に戻すと2200万円になります（20万ドル×100円）。投資資金は2000万円ですから差し引き200万円の利益で、この取引で元手の100万円は300万円に増えたことになります（利回り200％）。10％の円安に20倍のレバレッジをかけたので、利益も20倍の200％になったわけです。

これが、レバレッジの正の効果です。

それに対して、逆に円高になった場合を考えてみましょう。

1ドル＝100円で100万円を1万ドルに両替し、10％の円高で1ドル＝90円になったとすると、1万ドルを円に戻しても90万円にしかなりませんから、10万円の損失が生じます。

この取引に20倍のレバレッジをかけたとすると、投資の総額は2000万円＝20万ドルになり、それを1ドル＝90円で円に戻すと1800万円ですから、200万円の損失が生じます。FXのレバレッジ率が20倍ですから、損失の額も20倍になっています。

投資の元手が100万円で損失が200万円なのですから、これでは差し引き100万円の赤字です。そのためFX会社は、この100万円を追加で支払うよう投資家に求めます。これが「追《お》い証《しょう》」と呼ばれるものです（元手の100万円が「証拠金」で、それを追加するから「追い証」です）。

図表10　1ドル＝100円で外貨投資をした場合の、レバレッジと資産残高

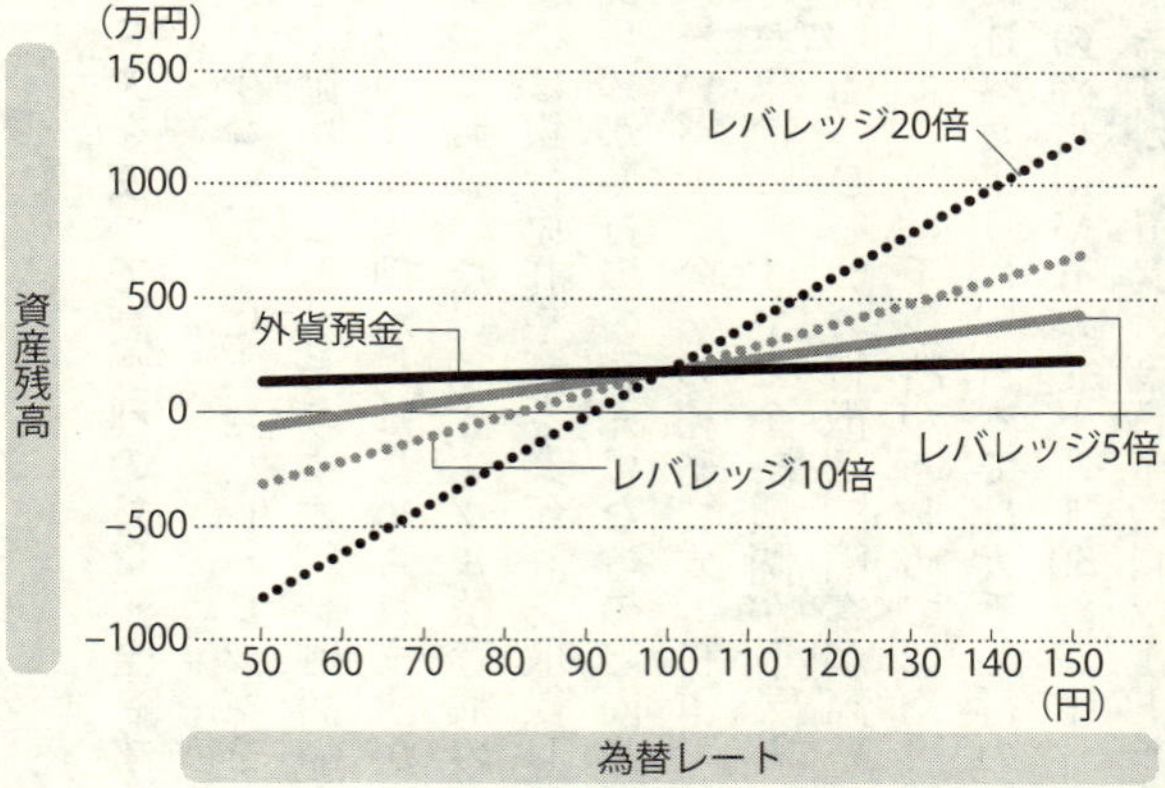

これが、レバレッジの負の効果です。

図表10はこの関係を表わしたもので、レバレッジ1倍の外貨預金ではどれほど円高になっても投資の元金を超える損失は生じません。それに対してレバレッジ率が高くなればなるほど、為替レートの変動による損失も利益も大きくなることがわかります。

このようにレバレッジには、投資の利益と損失を拡大するターボチャージャーのようなはたらきがあります。これがレバレッジの本質で、デリバティブ取引をするときには必ず頭に入れておかなければなりません。

FXを使って高金利の外貨預金をする

FXは少ない元手に大きなレバレッジをかけることができますから、運と勘次第では大きく儲かることもあります。金融商品のなかでもFXのギャンブル性はきわめて高く、そのうえ少額からはじめられますから、ニートの若者や主婦、高齢者など、時間があってお金のないギャンブル依存症のひとたちを大量に引きつけます。

いままでは銀行免許や証券業免許を取得した金融機関もFXに進出していますが、このビジネスが博打場《ばくち》の胴元《どうもと》になるのと同じで、だからこそ利益率が高いことは金融関係者のあいだでは公然の秘密です。日本ではずっとカジノ合法化が議論されていますが、それ以前に、すでに金融機関がFXという巨大な賭博場を運営しているのです。

FXのもうひとつの特徴は、顧客が高いレバレッジをかけて頻繁に取引することを前提として、為替手数料がきわめて低く設定されていることです。

先に述べたように、日本では大手銀行の為替手数料は1ドル＝1円の横並びで、証券会社の外貨MMFが1ドル＝50銭、ネット銀行の外貨預金は1ドル＝2〜5銭となっていますが、FXの為替手数料は1ドル＝0・3銭のところもあり、大手銀行の外貨預金はもちろんネット銀行に比べても格安です。

　このメリットを使って、ＦＸで外貨預金をすることができます。ＦＸのレバレッジ率は最大25倍ですが、レバレッジを何倍にするかは投資家の自由なので、証拠金の額を外貨の購入額と同じにすれば（レバレッジ1倍）利益も損失も銀行の外貨預金と同じになるからです。

　ＦＸでは先物取引とちがって購入した外貨を無期限に保有することができるので、レバレッジ1倍の外貨購入は為替手数料が格安の外貨預金と同じです。さらにＦＸ会社のなかには購入した外貨を国内銀行の外貨口座に送金できるところもあるので（別途手数料が必要）、一部の銀行が行なっている海外手数料割引サービスなどと組み合わせれば、格安で円資産を外貨に換えて海外に送金することも可能です。

　それに加えて、日本円より外貨の金利が高い場合、ＦＸでは外貨預金の金利と円預金の金利をダブルで受け取ることができます。

　ＦＸのスワップ金利は通貨間の金利差によって決まり、米ドル金利が5％、日本円の金利が1％なら4％になります。このとき、手元にある１００万円を全額ＦＸ会社に送金せず、90万円を銀行に残して、証拠金10万円に10倍のレバレッジをかけて米ドル1万ドルを購入したとしましょう。すると、1万ドルの米ドルに対して4％のスワップ金利が支払われると同時に、90万円の円預金には銀行から1％の利息が払い込まれます。

これは一見、高いレバレッジをかけてハイリスクな取引をしているように見えますが、銀行に預けている90万円がＦＸで購入した1万ドルの原資であることを承知しているならばリスクは外貨預金と同じで、それにもかかわらずＦＸからも円預金からも利息を受け取れるという不思議なことが起きるのです。

財政破綻で一攫千金は可能か？

こうしたＦＸの特徴を理解すれば、日本国の財政破綻でＦＸをどのように活用すればいいかはとてもシンプルです。

固定資産（不動産＋年金）５０００万円と金融資産１５００万円を保有している場合、金融資産の一部を証拠金にしてＦＸにレバレッジをかけ、６５００万円相当の外貨（米ドル）を購入すれば、円建て資産のすべてをヘッジできます。

財政破綻で深刻な金融危機に陥れば大幅な円安が進行するでしょうから、ＦＸにより高いレバレッジをかければ大きな利益を得ることも期待できるでしょう。たとえば１０００万円の証拠金に20倍のレバレッジをかけて2億円相当の外貨を購入し、50％

の円安（1ドル＝100円から1ドル＝150円に下落）になれば、利益は1億円（1000万円×50％×20）でたちまち億万長者です。

こうした思惑から、「日本の財政が破綻すればFXで一攫千金《いっかくせんきん》が狙える」というひとがたくさんいます。これは間違っているわけではないのですが、実際にはそんなにうまくはいかないでしょう。それは、円の金利が上昇するとともにFXでスワップ金利の支払いが発生するからです。

スワップ金利がどのようなものかは「コラム⑩」で説明していますが、ここではとりあえず日本円と米ドルの金利差のことだと考えてください。

超低金利の日本では、これまでほとんどの海外通貨が円よりも金利が高く、そのため「FXで外貨を買えばスワップ金利がもらえる」というのが常識になっていました。ところが世界金融危機後は、米ドルやユーロなどの主要通貨にFXで投資してもほとんどスワップ金利はつきません。これはアメリカやヨーロッパの大規模な金融緩和によって金利が低下し、世界の先進国はみな超低金利になり金利差がなくなってしまったからです。

日本国の財政破綻は国債価格の下落（金利の上昇）をきっかけにはじまり、それが円安を引き起こすと考えられます。すなわち「破滅シナリオ」の第1ステージでは、日本円の金利は米ドルよりも高くなっているのです。

このとき、日本円の金利が5%、米ドル金利が1%とすると、金利差は4%になります。1ドル＝100円として、1000万円の証拠金に20倍のレバレッジをかけて200万ドル（1000万円×20÷100円）を購入したとすると、投資家はこの200万ドルに対して年率4%（8万ドル）のスワップ金利を日割りで払わなければならなくなります。

年間8万ドルのスワップ金利ということは、日割りすれば約220ドルです。日本円の負担額は為替レートによって変わりますが、1ドル＝100円のままなら約2万2000円で、10日間で約22万円、1ヵ月で70万円近いスワップ金利を支払うことになり、このままの状態がつづけば、およそ1年3ヵ月で投資資金の1000万円を使い果たしてしまいます。

こうしたスワップ金利の支払いは、金利平衡説によって、長期的には金利差の分だけ円安（ドル高）になることで相殺されるはずですが、短期的には高金利の円が買われて円高（ドル安）になる可能性もあります。その場合は、投資に20倍のレバレッジをかけているため、（スワップ金利の支払いに加えて）1円の円高で200万円の為替差損が生じます。

「国家破産」を想定して高いレバレッジをかけて米ドルを買った投資家の多くは、スワップ金利の重い負担に苦しみ、わずかな円高によって自分自身が先に破産してしまうかもしれないのです。

こうした死屍累々《ししるいるい》の果てに、円高から円安へと相場が転換する局面で、スワップ金利の負担を覚悟のうえで高いレバレッジをかけて外貨投資をすることのできたごく少数のギャンブラーだけが、大きな富を築くことができるのでしょう。

なお、ここで再度確認しておくと、FXでスワップ金利の支払いが発生するようになっても、レバレッジを抑えてFXを利用するメリットは変わりません。円の金利が上昇すれば、証拠金として取り置いておいた円預金から受け取る利息が増えますから、それをスワップ金利の支払いに充《あ》てることで、理論的には外貨預金をするのと同じになるからです。

リスクを〝奇跡〟に変える戦略② 日本株の暴落に賭ける

国債価格が大きく下落（金利が急騰）すれば、大量の国債を保有するゆうちょ銀行やかんぽ生命は時価会計で債務超過に陥り、再国有化での救済は避けられないでしょう。そうなれば、財務の安定性への不安は他の金融機関にも広がり、金融株を中心に日本株は大きく下落します。

このような事態を想定すれば、最良のヘッジは日本株をすべて売却して現金化しておくことです。しかしなかには、確定拠出年金で日本株を積み立てていたり、会社の持株会で自社株を保有しているなど、なんらかの理由で株価の下落リスクを逃れるのが困難な場合もあるでしょう。

このようなとき、日本株の下落から利益を得るような投資法があれば、損失の一部（もしくはすべて）に保険をかけることができます。あるいは、財政破綻で日本株の大幅下落が確実なら、それを投機のチャンスととらえる投資家もいるでしょう。

幸いなことに、いまでは株価の下落から収益を得るさまざまな金融商品が開発されています。

代表的なものは、次の４つです。

①株式の信用取引による空売り
②日本株ベアファンド（ベアETF）
③株価指数先物の売り
④株価指数オプションのプットオプションの買い

このうちオプション取引は次で説明するとして、ここでは最初の3つの投資戦略を検討してみることにしましょう。

信用取引で個別株を空売りする

信用取引は一般に、証券会社などからの融資で3倍程度のレバレッジをかけて株式投資をすることをいいますが、こうした信用取引の買いとは別に、「空売り」と呼ばれる方法で、同じく3倍程度のレバレッジで株価の下落から利益を得ることができます。信用取引はかつてはハイリスクのギャンブルとされ、株式投資の長い経験のあるセミプロの投資家にしか認められませんでしたが、現在ではネット証券などに口座開設すれば誰でもはじめられます。

ところで、株式の空売りとはいったいどういう取引なのでしょうか？

誰もが知っているように、安く買った株を高く売れば利益が得られます。これが株式投資の基本ですが、空売りではこの因果関係を逆にして、高く売った株を安く買い戻すことで利益を得ようとします。

といっても、これではなんのことかよくわからないでしょう。そもそもなぜ、持っ

ても いない株を売ることができるのでしょうか？

空売りの仕組みを感覚的に理解するには、次のような例がわかりやすいでしょう。

友だちからロレックスの腕時計を借りて質屋に持っていったら10万円になりました。1ヵ月後に別の質屋を覗《のぞ》いたら、まったく同じロレックスが質流れで5万円で売られていました。そこでこのロレックスを買い、友だちに返すことで、差し引き5万円の利益になりました……。

この話では友だちの時計を勝手に質草にしていますから道徳的に問題がありますが、株式市場ではこれと同じ取引が双方の合意のうえで行なわれています。

トヨタ株を空売りしたい投資家がいると、証券会社はトヨタの株主にレンタル料を払って株券（いまは電子化されています）を借りてきて、担保と引き換えにそれを渡します。投資家はレンタルした株券を市場で売却し、返済期限までに買い戻して本来の株主に返却するのです。お金の貸し借りだけでなく、このような株式の貸借を効率的に行なう仕組みをつくったことで、信用取引による空売りが可能になりました。

もっとも、株式を空売りするにあたって難しい仕組みを知っている必要はありません。ほとんどの投資家はもっとシンプルに投資判断をしています。

図表11は、株価2000円で信用取引をはじめた場合の損益図です。

図表11　株価2000円で信用取引をはじめた場合の損益図

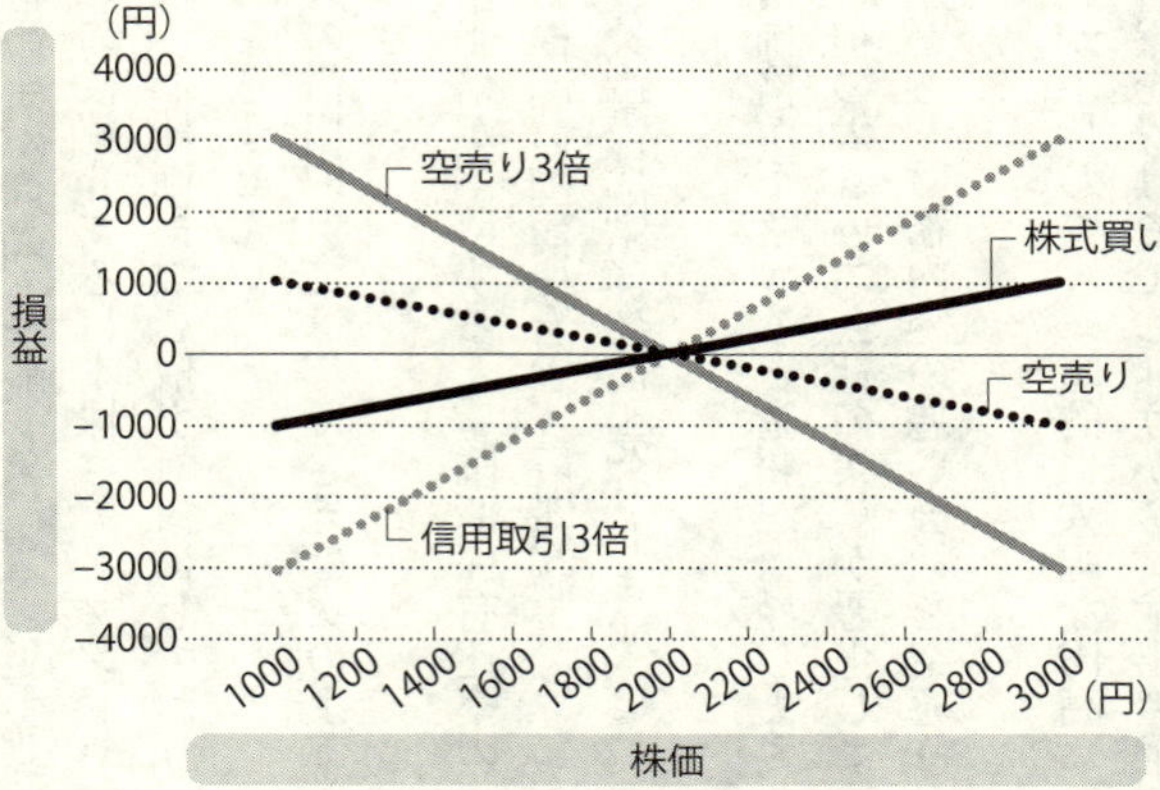

株式の買い（いわゆる株式投資）では、株価が上がればその分だけ利益が出て、株価が下落すると損をします。これに信用取引で3倍のレバレッジをかければ、当然、利益も損失も3倍になります。

それに対して空売りでは、株価が下落すればその分だけ利益が出て、株価が上昇すると損をします。証拠金に対して3倍の株を空売りすれば、当然、利益も損失も3倍になります。

このシンプルな損益図がいちど頭に入ってしまえば、「空売りとはなにか」で頭を悩ますことはなくなるでしょう。

類似の金融商品と比較した場合の空売りの特徴は、個別株を対象にできることです。この後紹介する日本株ベアファンドや株価指数先物取引は、日経平均やTOPIXのような株価指数を取引対象にしており、特定の銘柄や特定の業界だけを選別することはできません。

株式の信用取引では、たとえば次のような戦略が可能になります。

①国債価格が下落すると、国債保有比率の高い金融機関が信用不安に晒《さら》されます。各金融機関の国債保有高は財務諸表などで簡単に調べられますから、財務内容が脆《ぜい》弱《じゃく》な金融機関の株を空売りします。

②国債価格が下落すると金利が上昇しますから、銀行融資や社債など債務が多い（金利負担の大きい）会社の業績が悪化します。こうした債務比率も財務諸表に出ていますから、財務内容の悪い会社を空売りします。

③金利が上昇して、一時的に大幅な円高になったとします。高金利と円高で製造業は大打撃を受けるでしょうから、輸出産業の株を空売りします。

ただし個別株の空売りは、予想が当たれば利益が大きい代わりに、株価が乱高下して思わぬ損失を被る恐れもあります。先に挙げたような単純な因果関係は誰でも気がつくので、空売りが増えたところで一気に買い上げるプロ（セミプロ）のトレーダーが現われるからです。株価が上がると空売りした投資家は損失を被りますから、慌てて買い戻そうとします。この「踏み戻し」によって株価はさらに上がり、その後の反動で再び下落するのです。

個別株はこのような投資家の思惑（需給）によって動くことが多いので、レバレッジをかけた取引は初心者には勧めません。ただし、長期的には株価の下落は間違いないと思うなら、レバレッジ比率を抑えたうえで、一時的な含み損は無視して空売りのポジションを維持するのもひとつの戦略でしょう。

損も儲けも大きい個別株の空売りに対して、ひとつの業界をまとめて空売りすることもできます。

金融危機が起きれば銀行株は下落するでしょうが、財務内容にちがいがある以上、株価にも差が出てきます。企業はすべての情報を投資家に開示しているとはいえず、なかには巨額の不良債権を隠している金融機関もあるかもしれません（オリンパス事件を思い出してください)。このようなときは、銀行業の株価指数に連動したETFを空売りすることで、業界全体の株価下落に賭けることができます。個別株に賭けたときよりも利益は少なくなりますが、大きな失敗を避けるための投資法です(業種別のETFは東証に上場されています)。

この戦略をさらに進めて、日本の株式市場全体を空売りすることもできます。といっても、これはとくに難しいことではなく、TOPIX株価指数ETFや日経平均株価指数ETFを空売りすればいいだけです。

ただしこうした日本株指数の空売りは、この後説明する日本株ベアファンドや日経平均先物を使っても可能で、信用取引にとくに優位性があるわけではありません。

日本株ベアファンドでリスク限定のレバレッジをかける

第4章で国債価格の下落から利益を得る「国債ベアファンド」を紹介しましたが、同じ仕組みの金融商品に日本の株式市場の下落から利益を得る「日本株ベアファンド」があります。レバレッジ率はファンドごとに異なり、本書執筆時点では以下のようなベアファンドが販売されています。

ダイワ・ブルベア・ファンドⅣベア（レバレッジ2倍）
新光Wベア・日本株オープンⅢ（レバレッジ2倍）
日本トレンド・セレクト〈ハイパー・ウェイブ〉（レバレッジ2倍）
野村ハイパーベア6（レバレッジ2・5倍）
楽天日本株トリプル・ベアⅢ（レバレッジ3倍）
SBI日本株3・7・ベア（レバレッジ3・7倍）

証券会社の窓口で購入するファンドとは別に、株式市場にブル・ベアのETFが上場されています。

TOPIXベア上場投信（1569）は東証株価指数のマイナス1倍に、日経平均インバース上場投信（1571）は日経225のマイナス1倍に連動するように設計されており、TOPIXや日経平均の株価指数ETFを空売りしたのと同じ効果があります。空売りには信用取引口座が必要ですが、ETFなら一般口座で売買可能です（なお、株価指数に2倍のレバレッジをかけたブル型の「レバレッジETF」も上場されています）。

証券会社で購入する「ベアファンド」と、株式市場で売買される「ベアETF」のいちばんのちがいはレバレッジです。日本株の下落にレバレッジをかけて投資したい場合は日本株ベアファンドを使うことになりますが、［コラム⑤］で説明したように、レバレッジをかけたベア（ブル）ファンドには値動きに特有の癖があり、予想に反して株価が上昇した場合はもちろん、株価が変動しない場合も損失が生じます（この場合の下落率は、レバレッジ率が高いほど大きくなります）。

「ベアファンド」と「ベアETF」のもうひとつのちがいは流動性です。ファンドは投信会社がいつでも基準価額で買い取ってくれますが、ETFは株式市場で売却して現金化することになりますから、株式市場が乱高下しているときは売買が成立しなかったり、基準価額と大きく離れた株価で売るしかなくなったりする可能性があります。

現在のところ、「ベアETF」の売買高はそれほど多くなく、流動性に不安があることは否めません。ただし「ベアETF」は、個別株と同様にクリックひとつで売買できるメリットがあるので、どちらを取るかは投資家の判断でしょう。

日経平均先物を取引する

個人投資家にとって、日本における金融先物取引は事実上、大証の日経平均先物しかありません。それ以外にも各種の金融先物が上場されていますが、ほとんど売買がなかったり、機関投資家向けだったりするためです。その代わり日経平均先物は世界有数の取引高を持ち、シカゴやシンガポール市場にも上場されている、日本では唯一のデリバティブの「世界商品」です。

先物取引の大きな特徴は、「買い」と「売り」が等価だということです。

株式投資ではあくまでも「株を買う」のが王道で、空売りは変則的な取引です。しかし日経平均先物は買い手と売り手が「指数」というヴァーチャルな数字を取引することですから、株価の上昇を予想して日経平均先物を買うためには、株価の下落を予想して日経平均先物を売る投資家が必要で、(オプションも含め)デリバティブ取引は原理的にコイン投げと同じゼロサムゲームになります。すなわち、誰かが先物で1億円儲けたということは、その背後に必ず1億円損した(複数の)投資家がいるのです。

先物取引のもうひとつの特徴は、あらかじめ決済される日にちが決まっていることです。これを限月《げんげつ》といい、日経平均先物は3月、6月、9月、12月の第二金曜日(祝日の場合はその直前の営業日)が決済日(SQ日)になっています。「3月限《ぎり》」は3月の第二金曜日に決済される先物のことで、この日になると強制的にポジションが閉じられ清算されます。同じポジションを継続したい場合は次の限月である6月限を買う（売る）ことになり、これを「ロールオーバー」といいます。

先物には複数の限月が設定されていますが、売買は直近の限月とその次の限月に集中しています。たとえばいまが3月1日とすれば、事実上、3月限か6月限しか取引できません。それ以降の限月は売買高が少なく、価格も理論値から乖離《かいり》しているからです。限月の扱いにさえ慣れてしまえば、日経平均先物はFXと同じ感覚で取引できるようになります。

大証には、株価指数の1000倍の日経平均先物と、その10分の1のサイズの日経225ミニが上場されています。先物の単位は「枚」なので、日経平均が2万円とすると、フルサイズの先物は1枚2000万円、ミニサイズは1枚2000万円相当になります。

証券会社や先物会社などのブローカーに口座を開くと、日経平均先物を一定の証拠金で取引できます。証拠金の額はブローカーによって異なりますが、レバレッジ率はだいたい25倍程度でFXと同じです（1000万円相当の日経平均先物を購入するのに必要な証拠金は約40万円）。

先物のもうひとつのメリットはコストの安さです。日経平均先物の場合、ブローカー同士の激しい競争によって、売買手数料は1枚300円程度まで下がっています。1枚2000万円相当として、その手数料率は0・015%。ファンドの販売手数料はもちろん、ETFの売買手数料と比べてもそのコストパフォーマンスは圧倒的です。そのうえ先物取引は株価指数を売買するだけなので、ファンドやETFのような運用・信託報酬も必要ありません。

レバレッジの調整

FXと同じく、日経平均先物のレバレッジ率も投資家が決めることができます。株価2万円として、日経225ミニ1枚は2000万円に相当します。これを2000万円の証拠金で購入すればレバレッジ率は1倍で、2000万円分のインデックスファンドを購入することや、日経平均に連動したETF10株（1株が株価指数×10倍）を買うこととまったく同じです。

日経225ミニは、日経平均が1円動くごとに100円の損益が生じます。将来の株価の下落を予想して株価2万円で日経225ミニを1枚（2000万円相当）売ると、株価が1万9900円に下がれば1万円の利益に、2万100円に上がれば1万円の損失になります。

もちろん、もっと高いレバレッジをかけて日経平均先物を売買することもできます。

投資元本を1000万円として、日経平均先物に20倍のレバレッジをかけて株価の下落に賭けたとすると、想定元本で2億円分の日本株の売りポジションを持つことになります。株価2万円なら日経平均先物（フルサイズ）10枚を売ることになり、株価は100円変動すると200万円の損益が生じます（100円×1000倍×20倍）。日経平均が1万9000円まで下落すれば利益は2000万円で投資元本は3倍に、1万8000円まで下落すれば4000万円の利益で元本は5倍になります（予想に反して株価が上昇すれば同額の損失を被ります）。FXで20倍のレバレッジをかけたときの損益とほぼ同じですが、いちばんのちがいはスワップ金利がないことです（厳密には金利と配当の受け払いが発生します）。

このように日経平均株価が下落する局面でレバレッジをかけて日経平均先物を売れば大きな利益が期待できますが、実際には、レバレッジを高くした先物取引で中長期のポジションを持つことは少なく、短期（場合によっては数分）の売買を繰り返して損失を限定しながら利益を積み重ねるトレード（デイトレード）が主流となっています。

日経平均先物の魅力は売買高が大きく流動性が高いことで、どのような相場でも市場価格で即座に売買が成立します。いつでも買いたいときに買え、売りたいときに売れるというのは、株価が乱高下するような相場ではとても重要なことです。

なお、日経平均先物以外に、国債先物を売って金利上昇（とインフレ）による円資産の毀損《きそん》をヘッジする投資戦略も考えられます。これを使って国民年金基金をヘッジする方法については【コラム⑪】で簡単に紹介しています。

リスクを〝奇跡〟に変える戦略③ オプション：生き延びるためのギャンブル

それでは最後に、「人類が生み出した最高のギャンブル」であるオプションの話をします。といっても、その仕組みや戦略を詳しく説明すると1冊の本でも足りないので、とりあえずはオプション取引の基本的な特徴を理解したうえで、それを「国家破産」時にどのように活用できるかを考えてみましょう。

オプションというと、ノーベル経済学賞を受賞したブラック＝ショールズ式のように高等数学がたくさん出てくると思うかもしれませんが、その本質はきわめてシンプルで、以下のふたつに要約できます。

①オプションは、買うことも売ることもできる宝くじ
②オプションは、買うことも売ることもできる保険

宝くじであると同時に、保険でもあるというのはどういうことでしょうか？　これはすなわち、「宝くじと保険は（仕組みとしては）同じもの」ということです。

「買うことも売ることもできる」とは、オプションを使えば宝くじ（保険）を顧客として買うだけでなく、宝くじの売り手（ギャンブルの胴元）や保険の売り手（保険会社）にもなれる、ということです。

さらにいえば、オプションではさまざまな条件で「買い手」と「売り手」を組み合わせることもできます。保険を売ると同時に別の保険を買っておき、同時に宝くじを買う、という感じです。頭がこんがらがってくるかもしれませんが、実際にやってみるとまったく難しいことはありません（とはいえ、本書ではここまでは説明しません）。

こうしたオプションの性質を使って、国債の下落（金利の上昇）、円安、株価の下落といったリスクにどのように保険をかけるのか、あるいは「国家破産」という名の宝くじをどのように買うのかがここでのテーマです。

「買う権利」と「売る権利」

オプションの入門書を開くと、いちばん最初に、「オプションとは原資産（株価指数など）を買う権利（コールオプション）と売る権利（プットオプション）を売買する取引である」と書いてあります。ほとんどのひとはこの時点で本を投げ出してしまうでしょう。

ここでのポイントは、売買されるのが買う（売る）「権利」であって「義務」ではない、ということです。ところで、「権利」と「義務」はなにがちがうのでしょうか？

ロレックスの時計を特別価格で提供する会員限定の販売会の案内が届いたとします。その販売会に参加するには1000円の会費を払わなければなりませんが、その代わり気に入った時計があればその場で購入できます。

コールオプションを買うのは、要するにこれと同じことです。あなたは1000円を払って、販売会でロレックスの時計を「買う権利」を手に入れます。もちろん当日、販売会で実物を見て気に入らなければなにも買わずに帰ってもかまいません。このときは1000円の会費は払い損になってしまいますが、それ以上の損失はありません。この1000円の会費が「買う権利」の価格、すなわちオプション料です。

ところで、あなたがここで「買う義務」を負っていたとしたらどうなるでしょう。義務なのですから、気に入る気に入らないにかかわらず高級時計を強制的に買わされることになります。こんなバカバカしいことのために会費（オプション料）を払うひとはいません。権利は放棄できるからこそ価値があるのです。

それに対して、販売会の主催者は「売る義務」を負っています。1000円の会費を受け取った代わりに、参加者には値引きした価格で商品を売らなければならず、当日になって、「デパートのセールに持っていけばもっと高く売れることがわかったからあなたには販売できない」と拒否することは許されません。義務は放棄できないのです。

このように考えると、1000円の会費（オプション料）は、「どんなことがあっても提示した価格で売らなければならない」という義務を背負ったことへの対価だということがわかります。

この関係は、「売る権利」の売買でも同じです。

あなたが金貨を持っていて、いますぐ貴金属店に持っていけば10万円で売れるとします。ところが長期の海外出張が入ってしまって、日本に戻ってくるのは1ヵ月後です。あなたは、出張の間に金の価格が下がってしまわないか心配です。

　そこで貴金属店に電話してみると、「１ヵ月後でも10万円で買い取ってかまいませんよ」といってくれました。しかしそれには条件がついています。「１ヵ月後に金が値下がりしていれば私どもが損をするのですから、金貨の代金とは別に１０００円払ってください」

　出張から帰ってくると、金貨の値段は11万円に値上がりしていたとします。当然、あなたはこの金貨を10万円で売ろうとはせず、より高く買い取ってくれる別の貴金属店に行くでしょう。これで利益は１万円増え、１０００円の先払いを差し引いても９０００円の儲けになります。こうして約束を反故《ほご》にできるのは、あなたが持っているのが「売る権利」で、いつでも放棄していいからです。

　それに対して貴金属店は、あなたから１０００円を受け取った代償として、金貨を10万円で「買う義務」を負ったことになります。１ヵ月後に金貨の値段が９万円に値下がりしていても約束を反故にすることはできず、あなたに10万円を払うしかないのですから、先に受け取っていた１０００円を引いても９０００円の損失です。

　このように考えると、「買う権利」や「売る権利」の売買というのは、日常生活でも頻繁に（でもないでしょうが）行なわれていることがわかります。オプション取引では、この「買う権利」をコールオプション、「売る権利」をプットオプションといいます。

保険会社とギャンブルの胴元

日経平均が1万円として、これを1万円で買う権利（これを「権利行使価格」といいます）があったとしたら、あなたはいくら払いますか？

「1万円のものを1万円で買うんだからそんな権利になんの価値もない」と思うかもしれませんが、はたしてそうでしょうか。

1万円でいますぐ株を買って1ヵ月後に株価が9000円に値下がりしてしまえば1000円の損ですが、「買う権利」なら放棄してしまえばいいのですから、株価がどれほど下落してもまったく関係ありません。それに対して株価が1万1000円に上昇したとしたら、権利を行使して1万円で買うことで、労せずして1000円を手にすることができます。

このように「買う権利（コールオプション）」は、（株価が下落しても損しないという）保険つきで株式投資をするのと同じです。これはふつうの（保険なしの）株式投資と比べて法外に有利な取引ですから、当然、保険料を別に支払わなければなりませ

図表12　コールオプション（買い）

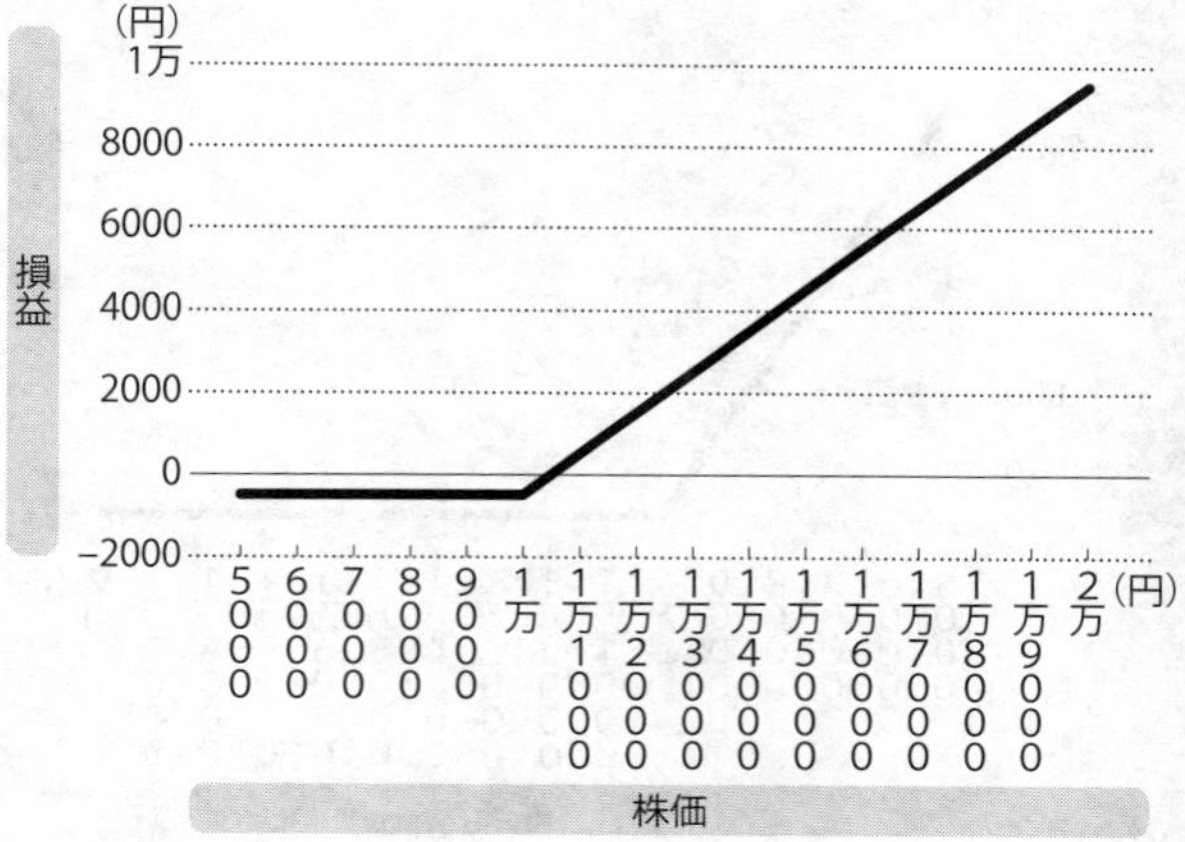

ん。

もうおわかりのように、この保険料がオプション価格です。

図表12が、株価1万円で権利行使できるコールオプションを500円で購入したときの損益図です。株価がどれほど下落しても損失は500円に限定されていて、株価が上がっていけば利益は無限です。

オプション取引では、保険料を支払って「売る権利」を購入することもできます。権利行使価格1万円のプットオプション（買い）の損益図は次頁図表13のようになります。

この場合は、株価が下落しても1万円で「売る権利」を持っているのです

図表13　プットオプション（買い）

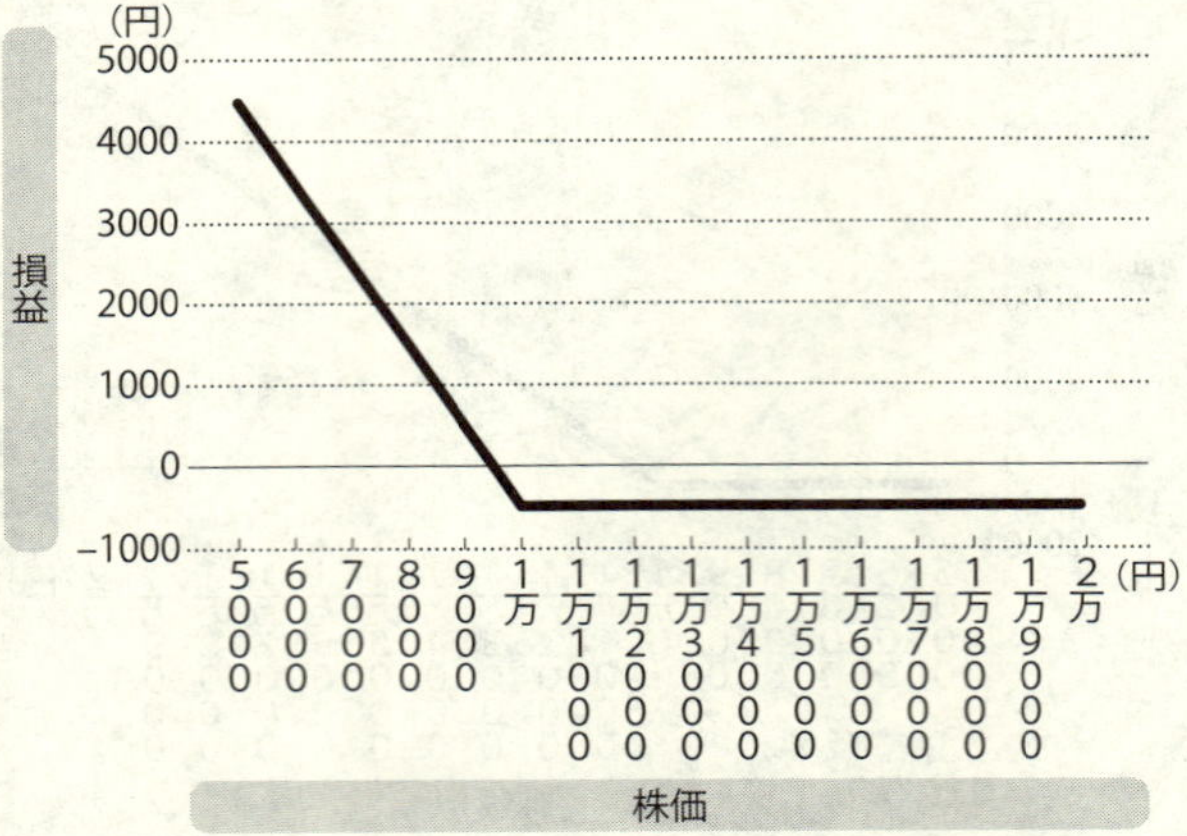

から、値下がりすればするほど利益は増えていきます。それに対して株価が値上がりすると、本来なら1万5000円や2万円で売れるものを1万円で手放さなければならなくなって損をすることになりますが、権利を放棄してしまえばいいので、どんなときも損失の上限は500円です。すなわちプットオプションの購入は、（株価が上がっても損しないという）保険つきで信用取引の空売りをするのと同じことになります。

それに対して、オプションの売り手はどうなるのでしょうか。

図表14が、権利行使価格1万円でコールオプションを売った場合の損益図

図表14　コールオプション（売り）

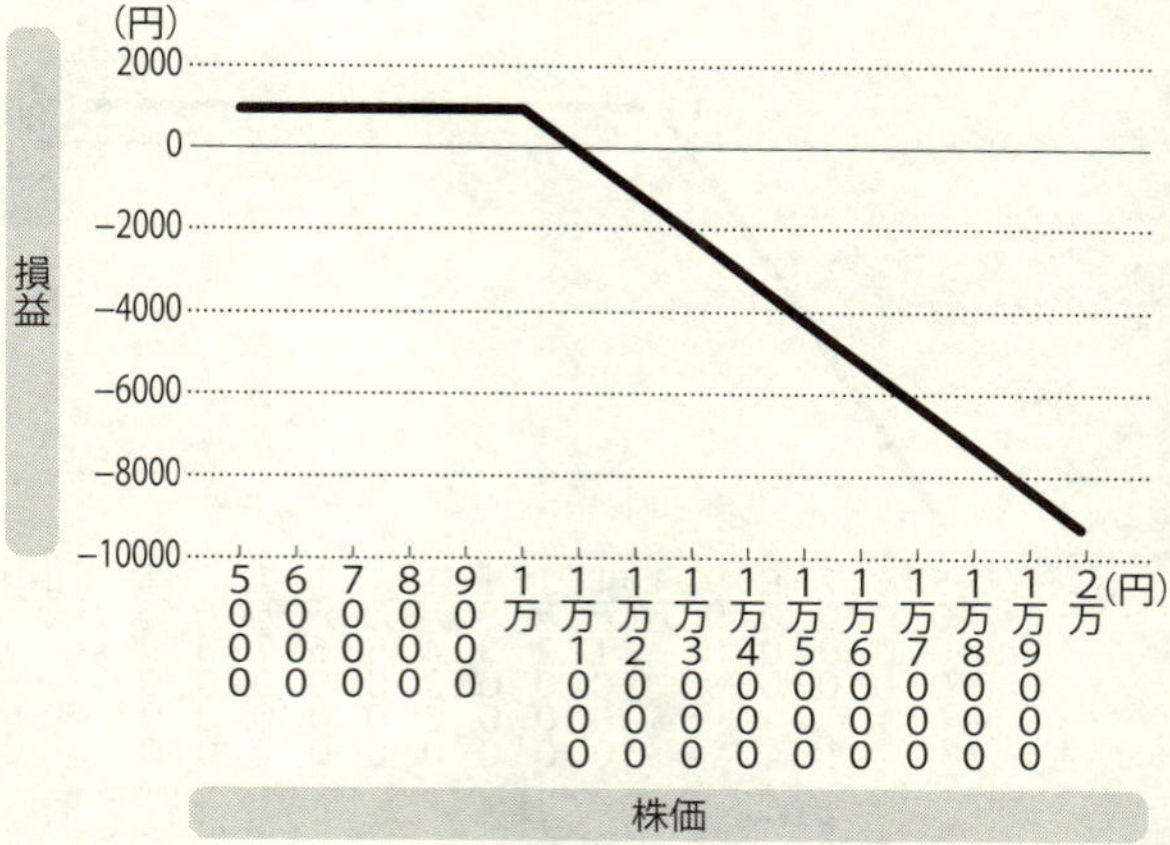

です。

コインの裏表を当てるゲームなどと同じく、オプションは、買い手と売り手の損益を合算するとゼロになるゼロサムゲームなので、コールオプションの「買い」と「売り」の損益図は完全に逆になります。コールオプションの売り手は、株価が1万円以下なら保険料の500円分が利益になりますが、株価が上昇すると際限なく損失が膨らんでいきます。

次頁図表15は、行使価格1万円でプットオプションを売った場合の損益図です。

この場合は、株価が1万円以上なら保険料の500円分だけ儲かります

図表15　プットオプション（売り）

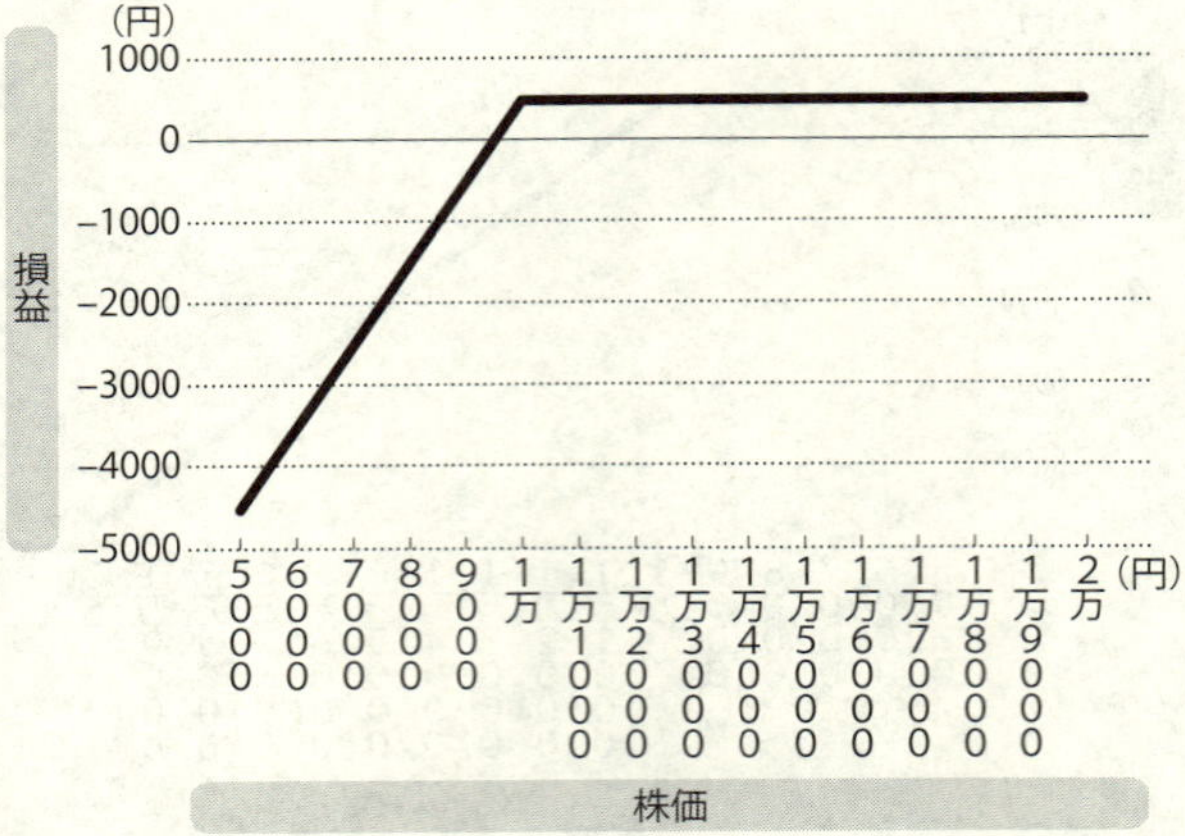

が、株価が下落するにつれて損失が大きくなっていきます（コールオプションを売ったときの損失可能性は理論的には無限大ですが、プットオプションを売った場合、損失は株価ゼロで止まります）。

この損益図を見ると、誰もが無限に儲かるオプションの買いが有利で、無限に損するオプションの売りなど絶対にやりたくないと思うでしょう。しかし、オプションの売りとは保険会社（ギャンブルの胴元）のビジネスモデルと同じです。

市場では買い手と売り手がお互いに納得して、（その時点では）損も得もない価格で取引が成立します。オプシヨンは金融市場で自由に取引されていますから、買い手や売り手が一方的に有利（不利）ということはあり得ません。

ただ、オプションの「買い」と「売り」では儲け方がちがいます。

オプションの「買い」というのは、宝くじの買い手に似ています。宝くじの当せん確率は交通事故で死ぬよりもはるかに低く、購入者のほとんどは宝くじ代金が払い損になります。しかしなかには1等前後賞を当てるひとがごく少数いて、「夢」を実現するのです。

一方、オプションの「売り」というのは損害保険会社に似ています。保険会社は過去のさまざまなデータから、これまでと同じ傾向がつづけば確実に利益を得られるように保険料を設定します。しかし9・11同時多発テロや3・11東日本大震災のような予想もしないことが起きると、莫大な保険金を請求されて大赤字になってしまいます（宝くじの場合は胴元が絶対に損をしない商品設計になっています）。

オプションの「売り」は小さな儲け（保険料）を積み重ねていくことができますが、ある日突然、大きな損失に見舞われるかもしれません。オプションの「買い」は宝くじの外ればかりを引きますが、運がよければ大きな当たりが来ることもあるのです。

プットオプションで株価下落に賭ける

ここまでがオプション取引の基本ですが、これで「国家破産」対策になにをすればいいかわかったでしょう。日本の財政が破綻して大規模な金融危機が起きれば日本株は暴落するのですから、日経平均のプットオプションを大量に買って、〝Xデイ〟を待てばいいのです。

日経平均オプションは先物と同じく大証に上場していて、倍率は指数の1000倍ですから、株価2万円の場合、オプション1枚が2000万円の日本株に相当します。権利行使価格2万円でプットオプションを買い、日経平均が1万5000円まで暴落すれば、オプション1枚に対して500万円の利益が出ます。このオプションを10枚買えば5000万円、20枚買えば1億円の儲けで、たちまち億万長者の仲間入りです。

しかし、ほんとうにこんなウマい話があるのでしょうか？

これは考え方としては間違っていませんが、ひとつだけ大きな障害があります。オプション取引は、先物と同じく限月が決まっているのです（宝くじに有効期限がついているわけです）。

明日、株価が暴落するかどうかは誰にもわかりませんが、10年以内なら、日本国の借金の大きさや少子高齢化、第二次関東大震災、中国の不動産バブル崩壊、世界規模のテロなど、さまざまな不確定要因がありますから、株価の暴落がいちどくらいはあるだろうと誰もが考えるでしょう。期間が長ければ長いほど予言が実現する可能性は高くなり、期間が短くなれば当たる確率も下がります。当然それに応じて、宝くじ代金は有効期限が長ければ高くなり、短ければ安くなるはずです。

しかし日本では、これを実際に確かめることはできません。日経平均先物と同様に、活発に取引されているオプションは直近とその次の限月だけだからです。限月の間隔は3ヵ月ですから、オプションという宝くじの有効期限は最長で6ヵ月しかないのです(アメリカではLEAPSという最長3年の長期オプションも上場されています)。

金融危機を予想して日経平均のプットオプションを大量に購入し、7ヵ月後に予想どおり〝Xデイ〟がやってきて日経平均が大暴落したとしましょう。しかしこのときは宝くじの有効期限が切れているのですから、予想が的中したとしても手元にあるのは外れ券だけです。

だとしたら、オプション取引には意味がないのでしょうか？

そんなことはありません。オプションで「必ず儲かる」投資法などありませんが、オプションでしか実現できない〝奇跡〟があるからです。

アウト・オブ・ザ・マネー

オプションの教科書に出てくる典型的なプットオプションの使い方というのは、図表16のようなものです。

日本株（あるいは株式先物）を保有している投資家が、株価が下落するリスクを負いたくないものの、なんらかの理由で株式を売却できないというときは、それと同額のプットオプションを購入します。両者の損益を合算するとコールオプションと同じになって、オプション料の分だけパフォーマンスは落ちるものの、株価が下落しても一定以上の損失を負うことはなくなります。これは、プットオプションを「保険」として使う方法です。

ところで、これから紹介するプットオプションの「宝くじ」はファイナンスの教科書には出てきません。これは投資の「邪道」とされているからですが、しかしある特別な状況であればやってみる価値はあります。

「特別な状況」というのは、国家破産のほかに、大地震やテロ攻撃、戦争や内乱な

図表16　プットオプションで株価の下落に保険をかける

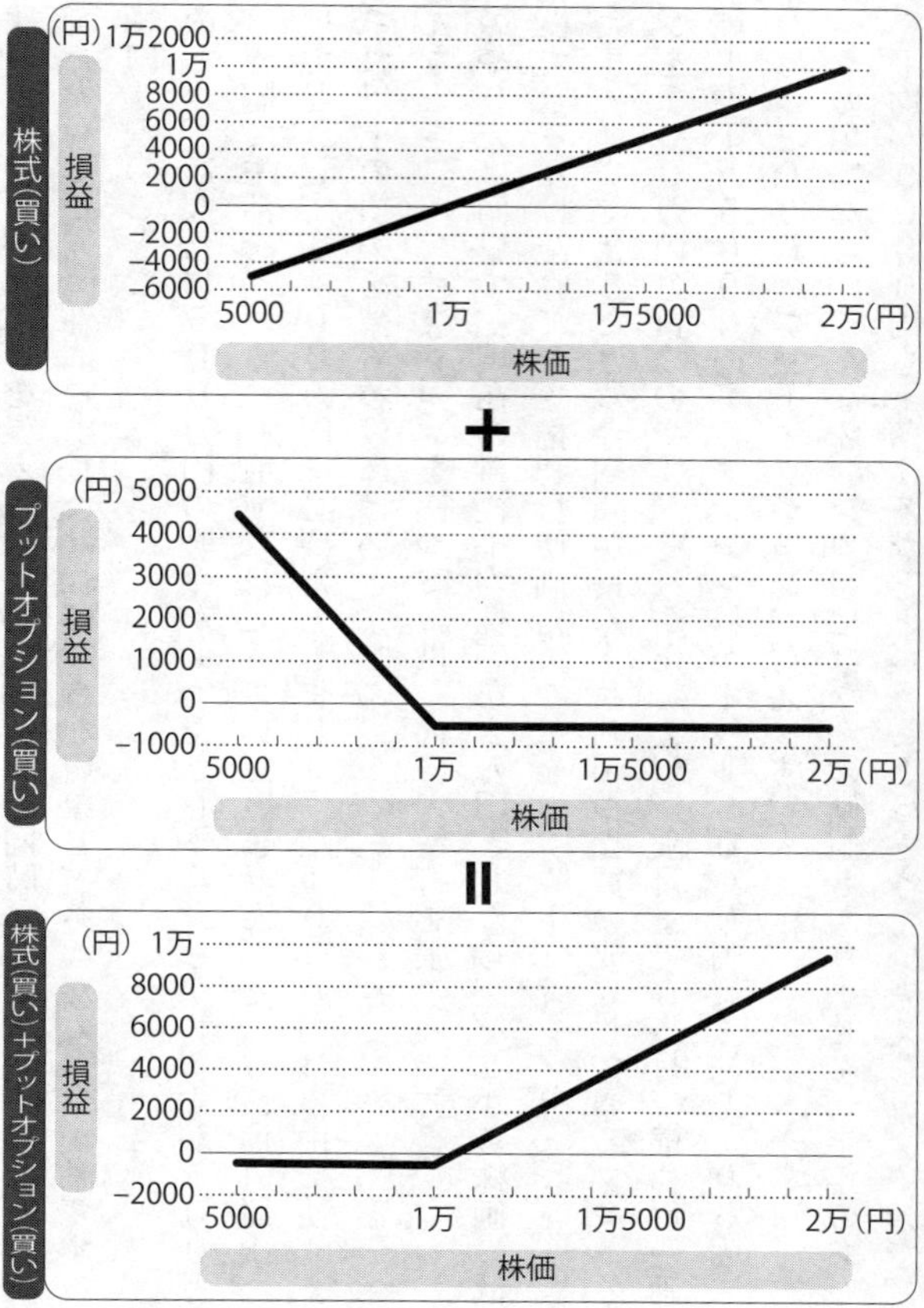

ど、株式市場に大きな影響を与える出来事で、それと同時に、会社が倒産したり、住む場所を失ったり、海外に脱出しなければならないなど、あなたの人生が激変するような極限状況のことです。

このとき、あなたに500万円の貯金があったとします。しかしわずか500万円では、異国で生活を一からやり直すにはとうてい足りません。そのうえ海外脱出などの費用でどうしても400万円は必要だとしましょう。100万円は自由に使えますが、それ以上の損失を被るわけにはいきません。

こんなときこそ、オプションを使って一世一代の大博打を張るのです。

そのやり方は簡単で、現在の日経平均株価を2万円としたら、そこから株価の低い方向にできるだけ離れている権利行使価格（これを「アウト・オブ・ザ・マネー」といいます）で、できるだけ残存期間が長く、なおかつ売買の成立しているプットオプションを100万円分買うのです。それがたとえば、限月まで6ヵ月、権利行使価格が日経平均1万5000円でオプション料が1枚＝5000円（1株あたり5円）だとすれば、200枚のプットオプションが買えます。

ふつうの相場なら、こんなオプションにはなんの価値もありません。半年のあいだに日経平均が5000円も下落するなどということはとうてい考えられないので、期日が来ればただの紙切れになってしまいます（それ以前に売り手がいないので買うことができないでしょう）。

そのうえ、仮に日経平均が暴落して1万5000円になったとしても、あなたが持っているのは「1万5000円で売る権利」なので、これでは一銭の儲けにもなりません。株価が1万4950円に下落してようやく900万円の利益が得られますが（利益50円×1000倍×200枚－オプション料1000万円）、いくらギャンブルでもこれではあまりにも不利です。

しかしオプションを「宝くじ」として使うときは、限月まで待って損益を確定させるようなことは（ふつうは）しません。限月までの残存期間がじゅうぶんに残っていれば、市場の乱高下を増幅するようにオプション価格が動くからです。

経済合理的な大博打

オプションを「宝くじ」と考えれば、あなたの購入した「あり得ない価格」のプットオプションが価値を持つのは、株価が大きく下落したときだというのは誰でもわかります。

政治・社会・経済の大混乱で日経平均が暴落して1万7000円を割れば、それだけ1万5000円の権利行使価格に近づきますから、「予言」が実現する可能性がわずかに上がります。あなたの購入したアウト・オブ・ザ・マネーのプットオプションは、1株あたり5円とオプション料がきわめて安いため、市場の雰囲気がすこし変わっただけでも敏感に価格が反応します。株価の下落でオプション料が10円になれば元手は2倍、20円になれば4倍です。

その後、状況がすこし落ち着いて市場に楽観論が広がり、こんどは一転して1万8000円まで急騰したとしましょう。株価が上がれば権利行使価格に達する可能性が下がりますからオプション価格も下落するはずですが、じつはこのときはそれほど下がりません。

その翌日、市場にふたたび激震が走り、株価が1万7000円まで下落したとします。株価が元に戻ったのですから、オプション価格も以前と同じになるかというと、実際は何倍にもなっているはずです。

なぜこのようなことが起きるかというと、市場のボラティリティ（変動率）が上がったからです。

ボラティリティについての詳しい説明は専門書に任せて、ここでは海にたとえてみましょう。

ボラティリティの低い市場は穏やかな凪《なぎ》の海、ボラティリティの高い市場は大荒れの嵐の海です。「半年以内に日経平均が2割以上下がる」などというおよそあり得ないことが現実になるとしたら、どちらの市場でしょうか？　もちろん、ボラティリティの高い大荒れの海です。

株価が乱高下してボラティリティが高くなると、極端なことが起きる可能性が増して、オプション価格が上がります（逆にボラティリティが低くなるとオプション価格は下落します）。アウト・オブ・ザ・マネーのオプションはとりわけボラティリティへの感応度が高く、これまで「そんなことはあり得ない」と思っていた投資家たちが「もしかしたら……」と思うようになっただけで価格が高騰するのです。

このようにして、株価が乱高下を繰り返しながら（市場のボラティリティを引き上げながら）1万6000円を割る頃には、あなたの買った権利行使価格1万5000円のオプションは1枚50万円で売買されているかもしれません。これは、投資家たちが日経平均1万4500円もあり得ると考えはじめたことを示しています。

このタイミングでプットオプションを売却すれば、5000円で買ったオプションを50万円で売るのですから利益は100倍で、100万円の元手は1億円に増えたことになります。このように、権利行使価格1万5000円のプットオプションを買ったとしても、利益を得るためには株価が1万5000円を下回る必要はないのです。

ただしこれは、時間とのたたかいでもあります。先に述べたように、限月を過ぎてしまえばオプションはただの紙切れになってしまいます。日経平均が1万5000円台まで下落したとしても、有効期限が1日しか残っていないとしたら、あなたのオプションにほとんど価値はないでしょう。

このことから、オプションの価格を決める3つの重要な要素がわかります。

①株価が権利行使価格に近づけばオプション価格は上がる
②市場のボラティリティ（変動率）が上昇すればオプション価格は上がる
③残存期間（有効期限）が短くなればオプション価格は下がる

じゅうぶんな残存期間が残っているときに①と②の条件がそろえば、あなたは宝くじを当てたことになります。

これはたんなる机上の空論ではありません。2007年にサブプライムローンの破綻を予測して、1年間で150億ドル（1兆3500万円）という天文学的な収益をあげ37億ドル（3300億円）の年収を得たヘッジファンドマネジャーのジョン・ポールソンは、サブプライムローンのプットオプションを大量に購入して史上最大級の一攫千金を実現しました（グレゴリー・ザッカーマン著『史上最大のボロ儲け』CCCメディアハウス）。オプション取引では、市場が大きく変動しさえすれば、短期間に元手が100倍になっても不思議ではないのです――正しいときに正しいオプションを売買できれば、の話ですが。

もちろんこの簡単な説明だけで、ハイリスクな（ただし損失はオプションの購入代金に限定されています）ギャンブルを勧めるつもりはありません。しかし将来、あなたの人生を破壊するような大きな混乱が日本社会に起こって、マーケットで大博打を打つ以外に生き延びる方法がなくなったとしたら、そのときはアウト・オブ・ザ・マネーのオプションを買うことがもっとも「経済合理的」な選択になるでしょう。

コラム ⑩

スワップ金利とはなにか？

銀行におカネを預けると、そこから金利が支払われます。銀行が預金を運用し、その一部を顧客に還元するのです。

為替FXで外貨を購入すると、スワップ金利を受け取ることができます。これは外貨預金の利子によく似ていますが、先物会社が顧客に支払うわけではありません。為替FXにおけるスワップ金利は、投資家同士がやりとりするのです。

金利平衡説で説明したように、理論的には、金利差は将来の為替レートで調整されます。そこで金融取引では、将来の為替の交換レートを金利差を勘案して決めています。

これを為替先物（先渡し）取引といいますが、たとえば現在値が1ドル＝100円で金利差が5％の場合、外貨の金利が高ければ1年後の為替レートは1ドル＝95円の円高に、日本円の金利が高ければ1ドル＝105円の円安に設定されます。その結果、5％の為替損益があらかじめ生じますが、これは5％の金利差によって相殺され、どの通貨を売買しても（理論的には）損も得もないようにできているのです（そうでなければ、金利の高い通貨を金利の低い通貨に交換する投資家がいるはずはありません）。

金利差を為替レートで調整する為替先物のこの方法は、プロ同士の取引なら問題ありませんが、個人投資家が直感的に理解することができません。これが、為替先物取引が個人に普及しないいちばんの理由です。

ところがここでFX会社は、金利差を日割り計算することによって外貨預金と酷似した仕組みをつくりだすというイノベーションに成功します。これがスワップ金利です。

5%の金利差を複利で1日あたりに換算すると約0・013%ですから、FXで1万ドルを購入すると1日のスワップ金利は約1・3ドルになります（1万ドル×0・013%）。FXでは、これがその日の為替レートで円換算され、顧客の口座間で入出金されることになります。

為替レートを1ドル＝100円とすれば、米ドル金利が日本円よりも5%高い場合、1万ドルのドル買い（円売り）のポジションを持つ顧客の口座に130円（1・3ドル×100円）が振り込まれ、逆に1万ドルの円買い（ドル売り）のポジションを持つ顧客の口座から同額が差し引かれます。このように外貨の買い手がスワップ金利の受け取り手になったことが、FXを外貨預金と錯覚させたいちばんの成功要因です。

ところがこれとは逆に、円の金利が米ドルより5%高い場合は、1万ドルの円買い（ドル売り）のポジションを持つ顧客の口座にスワップ金利130円が振り込まれ、

1万ドルのドル買い（円売り）のポジションを持つ顧客の口座から同額が差し引かれます。すなわち、FXで「外貨預金」をしようとすると、（感覚的には）スワップ金利の支払いで損をしてしまうのです。

もうすこし詳しく説明すると、このスワップ金利は、1日ごとに決済されるヴァーチャルな為替先物取引を繰り返し、そこから生じる現物と先物の為替レートの差（直先スプレッド）をリアルマネーとして顧客の間で交換（スワップ）しているだけです。その仕組み自体は、期間が短いだけで、一般の為替先物となにも変わりません。先物の買い方と売り方に有利不利がないのと同じように、FXでも、スワップ金利の受取側と支払側に損得はありません。

しかしこの仕組みを一般の投資家が理解することはほとんど不可能なので、円金利が上昇すればFXで（スワップ金利を支払う）外貨を購入する投資家は激減し、逆にスワップ金利を受け取る円買い（ドル売り）のポジションが「高金利円預金」などとして大流行することになるでしょう。もっともこうした取引は、理論的には、将来の円安による為替差損ですべての利益を失ってしまうわけですが。

コラム ⓫

債券先物で国民年金基金をヘッジする？

大証に上場されている長期国債先物は、額面100円、期間10年、年利率6％のヴァーチャルな長期国債の価格を100万倍したもので、国債価格が100円なら先物1枚は1億円相当になります。国債価格が1円動くごとに100万円の損益が生じ、買いポジションでは国債価格が上昇（金利が下落）すると利益に、国債価格が下落（金利が上昇）すると損失になります。売りポジションではこれが逆になって、国債価格が上昇（金利が下落）すると損失に、国債価格が下落（金利が上昇）すると利益になります。

財政破綻では金利の大幅な上昇が予想されますから、国債先物を売ることで大きな利益が期待できます。ヘッジファンドのなかには、日本の「国家破産」に賭けて国債先物を売りつづけているところもあります（そしてこれまで、すべて討ち死にしてきました）。

大証は個人向けに、サイズを10分の1にした「ミニ長期国債先物」も上場しています。こちらは国債価格100円なら先物1枚が1000万円相当なので、固定金利の金融資産を持っている場合のヘッジに使えます。

自営業者などが加入する国民年金基金は、いったん加入すると中途解約できない商品設計になっています。

その代わり保険料が全額所得控除でき、受給時にも公的年金等控除の対象になるのですが、支給額が物価に連動しているわけではないので、将来、インフレが起こると実質価値が大幅に減価する恐れがあります。予定利率は民間の生命保険会社などの年金に比べれば高いものの、財政破綻で想定されているような高金利・高インフレにはまったく太刀打ちできません。

このようなときは、「ミニ長期国債先物」を売って固定金利の国民年金基金にヘッジをかけることができます。やり方は簡単で、国民年金基金の資産が1000万円あれば、ミニ長期国債先物1枚を売るのです。

将来、金利が上昇して国民年金基金の予定利率が逆ざやになると損失（実質価値の減価）が生じますが、国債価格の下落（金利の上昇）で先物から利益が得られますから、これで損失はカバーできます。物価連動国債のようにインフレを直接ヘッジするわけではありませんが、金利とインフレ率は連動していますから、これだけでインフレリスクをかなり軽減できるでしょう。

ただしこの方法には、いくつか難点があります。

ひとつは、ミニ長期国債先物を取り扱っているブローカーがほとんどないこと。

もうひとつは、3～6ヵ月の限月のたびにロールオーバーしていかなければならないこと。毎回売買手数料を払わなければならず、異なる限月の価格差がコストになる可能性もあります。そのうえ、ロールオーバーのたびに損益が清算されるので、単年度で利益が出ると課税が発生してヘッジ効率が落ちてしまいます。

それを考えると、レバレッジ５倍の国債ベアファンドを２００万円（国債１０００万円相当）購入するか、（インフレ率と円安が連動すると考えて）１０００万円相当の外貨をＦＸで保有したほうが効果的だと思われますが、ひとつのヘッジ手段として覚えておくといいでしょう。

【追記】

親本が出てから、「国民年金基金は支給額が決まっているので将来のインフレには無力だ」という通説に疑問を感じてすこし調べてみました。

生命保険は支給額（保険金）が固定されていて、予定利率を上回る運用をしたときの利益（利差益）は保険会社の収入になって、社員のボーナスや株主の配当の原資になります。これと同様に、将来、高率のインフレが起きて金利が急騰すると、低い利回りしか約束していない国民年金基金にも、国債を保有しているだけで莫大な利差益が転がり込んできます。

ところで、もしそのようなことになれば、この利益は誰に分配されるのでしょうか？

国民年金基金は株式会社ではなく、利益が株主に分配されることはありません。厚生労働大臣の認可を受けた公的な法人ではあるものの、国の機関ではないから利益を国庫に納める必要もありません。基金の理事のボーナスにしたり、保養施設をつくるなどということは当然許されないでしょう。だとすれば、この利差益は加入者に特別配当として分配するほかありません。

このことは基金にも電話で確認しましたが、「現状では高金利など考えられないが、仮に予定利率を上回る大きな利益が出たとしたら、当然、その利益は加入者のものとなります」との回答でした。

ハイパーインフレが起きたとしても、国民年金基金で「大損」することはなさそうです。

あとがき　海外投資はしなくてもいい

すこし前の話ですが、編集プロダクションを経営する知人の女性から相談を受けました。彼女の会社に証券アナリストの資格を持つ証券会社の営業マンが訪ねてきて海外投資を強く勧められたのだが、どうすればいいだろう、というのです。

その〝アナリスト〟氏は、彼女に日本国の債務残高の推移を示すグラフを見せて、「こんなに借金を抱えていてはもうどうしようもない。日本は破綻するに決まっている」と断言したそうです。

日本の財政を家計にたとえると、「480万円の年収のうち200万円が借金の返済に消えていき、生活費が700万円かかるから新たに420万円借金するのと同じ」なのだそうです。いきなりそんなことをいわれれば、誰だって不安になるでしょう。

〝アナリスト氏〟の証券会社では毎月のように無料の「海外投資セミナー」を開催していて、いつも高齢者で満席だといいます。「もし興味があれば優先的に席を確保します」といわれて、彼女は行こうかどうか迷っていました。

彼女はそのとき〝アナリスト氏〟から、「日本の財政破綻からあなたの資産を守るには海外投資しかない」と、ある金融商品を強く勧められていました。パンフレットを見せてもらったのですが、それは「高配当」をうたう毎月分配型の投資信託で、米ドル建てのハイ・イールド・ボンド（リスクが高い代わりに利回りも高い社債）に投資すると同時に、それをブラジルレアルで〝ヘッジ〟する仕組み債でした。かつては〝ジャンクボンド（クズ債券）〟といわれたハイ・イールド・ボンド自体が大きなリスクを抱えているのに、さらに新興国通貨であるブラジルレアルのリスクまで取って、円建ての配当をかさ上げしているのです。

とはいえ、投資の経験もなければファイナンスの知識もない彼女にそんなことがわかるはずはありません。証券会社の〝アナリスト〟から勧められれば、「有利な投資にちがいない」と思うのも当然です。

私は、「日本が国家破産するリスクよりもこのファンドのリスクのほうがはるかに大きいから相手にしないほうがいい」とアドバイスしたのですが、その後、思わず考え込んでしまいました。

私は1990年代後半から、海外市場での資産運用に興味を持って、あれこれ調べたことを本に書いて読者に紹介してきました。その当時は、「日本人なら日本株に投資するのが当たり前だ」とか、「海外投資なんてどうせ為替で大損するに決まっている」などというひとばかりで、自分はずっと投資の世界ではマイナーな存在だと思っていました。それがいつの間にか、日本を代表する証券会社が海外投資を高齢者に勧める時代になっていたのです。

しかし、彼らが売り歩く「海外投資」の金融商品は、私が考える「合理的な投資戦略」からはほど遠いものでした。そもそもなぜ、70代や80代の高齢者が、アメリカのジャンク債を購入し、ブラジルレアルに投資しなければならないのでしょうか。ファンドの目論見書《もくろみ》にはひととおりの説明が書いてありますが、それを読んだところで、自分がどんなリスクを取ろうとしているのか理解できるはずはありません。ほとんどのひとは、「高金利の通貨は得だ」とか、「毎月分配は高配当のほうがいい」とか、「これまで儲かっていたのだからこれからも儲かるはずだ」とかの、ファイナンス理論的にはなんの意味もない（というか完全に間違っている）知識によって投資の判断をしているのです。

私が強い違和感を持つのは、日本の高齢者（というかふつうのひとたち）に資産運用の常識が欠けていることではなく、証券会社が、彼らの無知を知っていながら、それを利用してハイリスクな金融商品を販売していることです。言葉は悪いですが、これでは「振り込め詐欺」と同類です。

日本の証券会社の志《こころざし》がここまで低くなった理由はわからなくはありません。外資系投資銀行のような華々しいディールができるわけでもなく、個人向けの株式売買はネット証券に移行し、自治体や学校法人、取引先企業に売り込んだ（為替オプションを組み込んだ）仕組み債はリーマンショック後の円高で大損して裁判になり、唯一残されたのは、高齢者を「国家破産」で脅《おど》して手数料の高い金融商品を売りつける商売だけだったのです。

こうして私は、「海外投資はしなくてもいい」という本を書かざるを得なくなりました。

＊

「あとがき」を先に読むひとや、書店で「あとがき」だけを読むひともいるでしょうから、ここで本書のメッセージをあらためて繰り返しておきます。

①日本の財政がたとえ破綻に向かっているとしても、当分は金融資産は普通預金で持っていればいい。

②日本の財政が破綻したとしても、手近にある金融商品だけで資産のかなりの部分を

守ることができる。
③たとえ「海外投資」をする必要があるとしても、ネット銀行の外貨預金でじゅうぶんだ。

そしてこれは強調しておきますが、資産運用に成功する黄金律は、「**金融機関が熱心に勧誘するウマそうな話はすべて無視する**」ことです。

金融機関の営業マンは歩合制で給料が決まりますから、彼らが売りたいのは顧客に有利な商品ではなく、自分が儲かる手数料の高い商品です。この十数年で金融テクノロジーは急速に進歩し、いまでは個人投資家に有用な金融商品がたくさんありますが、こうした商品は金融機関の儲けにならないので営業マンは顧客に教えたがりません。彼らは善意のボランティアではなく、最後は顧客の利益を度外視して会社（と自分）の利益を最大化することを選びます。自分の資産を守る方法は、自分で見つけなければなりません。

しかしこれは、ファイナンス理論の基本と金融市場の仕組みがわかってさえいれば、けっして難しくないことを本書では書きました。

＊

私は、「国家破産」のリスクを軽く見ているわけではありません。

実際に日本国が財政破綻するかどうかはともかくとして、その可能性が無視できない以上、私たちは〝災厄〟に備える必要があります。

いまとは正反対の高金利・超円安・高インフレの世界がやってきたとしたら、日本の社会が大混乱に陥ることは間違いありません。それは日本人の人生にとてつもない影響を及ぼしますから、すべてのひとがどうやって生き延びるのかを真剣に考えるべきです。

しかしその一方で、いたずらに不安ばかりが大きいと、その不安心理を利用してひと儲けしようと手ぐすね引いているひとたちの餌食にされてしまいます。

日本人は、リスクに対してあまりにも無防備です。この国には、「国家破産」のリスクを過大に見積もって、自分がだまされるリスクのほうが大きくなってしまったひとがたくさんいます。投資の世界は自己責任ですから、だまされてすべてを失ったとしても、誰も助けてくれないばかりか同情すらしてもらえません。

それと同時に、日本人はあまりにも「合理性」を軽視しています。ネットでもマスコミでも、日本じゅうのあちこちに「合理的なものは不愉快だ」と叫ぶひとがあふれています。もちろん合理性は幸福な人生を約束しませんが、その一方で、(ギャンブルで一発当てるようなことを別にすれば）市場では合理的な行動からしか富がもたらされないことも確かです。

投資の世界では、感情だけで動くひとは〝カモ〟と呼ばれます。日本という国の経済的なリスクが顕在化したときに、感情でしか考えられないひとたちが真っ先に犠牲になっていくでしょう。

私はこれを、ある意味、仕方のないことだと考えています。日本人のすべてが正しいフィナンシャルリテラシーを持つようになる、などという荒唐無稽《こうとうむけい》な理想を掲げても意味がありません。

私は、自分がこの国の救世主になれると思うほど楽天家ではありません。ただ、ひとりのドン・キホーテでありたいと願うだけです。

２０１３年３月　　橘　玲

【追記】

本書の親本は２０１３年３月に刊行されましたが、ここでは、それから４年半たった２０１７年11月時点で、本書で勧めた（普通預金以外の）金融商品に投資した場合の結果をまとめておきます。

●**外貨預金**

1ドル＝95円から1ドル112円の円安になった。年率3・6％

●**日本株**

日経平均が1万2000円から2万1100円になった。年率12・8％

●**アメリカ株**

ニューヨークダウが1万4800から2万2900になった。年率9・8％（円建てでは13・43％）

●**世界株（ドル建て）**

ニューヨーク市場に上場するACWI（オール・カントリー・ワールド・インデックスETF）が1株50ドルから70ドルになった。年率7・5％（円建てでは年率13・7％）

●世界株（円建て）

東証に上場する「上場ＭＳＣＩ世界株」が1株１２００円から２０００円になった。年率11・３％

このように見ると、世界金融危機やユーロ危機からの回復の流れに乗って、リスクをとって株式に投資したひとはじゅうぶんなリターンを得たことがわかります。それに対して「国家破産対策」で高配当の海外ファンドを購入したひとは、ブラジルレアルの為替レートが２０１３年初頭の50円から２０１６年に30円を割るまで下落したことで（現在は35円）残念な結果になったと思われます。

「リスクを取りたくなければ普通預金、リスクを取るならシンプルに株価指数ＥＴＦに投資」という原則の正しさが証明されたようです。

【お断り】

本作品は2013年3月、ダイヤモンド社より刊行された『日本の国家破産に備える資産防衛マニュアル』を文庫収録にあたり加筆、改筆したものです。本書で述べたファイナンスの解釈は著者の個人的な見解であり、その有効性を保証するものではありません。本書の内容を実践することは読者の自由ですが、それによって仮に精神的、物理的、経済的等の損害が生じたとしても、著者及び出版社はいっさいの責任を負いません。

橘　玲－作家。1959年生まれ。2002年、国際金融小説『マネーロンダリング』（幻冬舎）でデビュー。『お金持ちになれる黄金の羽根の拾い方』（幻冬舎）が30万部を超えるベストセラー、『言ってはいけない 残酷すぎる真実』（新潮新書）が45万部を超え、新書大賞2017に。『貧乏はお金持ち』（講談社＋α文庫）など著書多数。

講談社+α文庫 国家《こっか》破産《はさん》はこわくない

橘《たちばな》　玲《あきら》

2018年 1 月18日第 1 刷発行
2019年 1 月 9 日第 4 刷発行

発行者――――渡瀬昌彦
発行所――――株式会社 講談社
東京都文京区音羽2-12-21 〒112-8001
電話 編集(03)5395-3522
販売(03)5395-4415
業務(03)5395-3615

デザイン――――鈴木成一デザイン室
本文図版――――朝日メディアインターナショナル株式会社
カバー印刷――――凸版印刷株式会社
印刷――――株式会社新藤慶昌堂
製本――――株式会社国宝社

落丁本･乱丁本は購入書店名を明記のうえ、小社業務あてにお送りください。
送料は小社負担にてお取り替えします。
なお、この本の内容についてのお問い合わせは
第一事業局企画部「＋α文庫」あてにお願いいたします。
Printed in Japan ISBN978-4-06-281736-3
定価はカバーに表示してあります。